该成果由教育部中外语言交流合作中心
2021年度国别中文教育研究项目资助（项目批准号：21YHGB1053 ）

国际中文教育研究丛书

新加坡中文教育发展研究

马晓乐 编著

RESEARCH ON THE DEVELOPMENT OF
CHINESE LANGUAGE EDUCATION
IN SINGAPORE

社会科学文献出版社
SOCIAL SCIENCES ACADEMIC PRESS (CHINA)

《新加坡中文教育发展研究》
编 委 会

主 编 马晓乐

副主编 徐 唱 徐希锋

编 委 （按姓氏笔画排列）

　　　 马晓乐 王晶心 甘 甜 刘 畅 李一琳

　　　 徐 唱 徐希锋

跨语社会中的语言生活与身份选择
（代序）

　　几年前在书店的文山书海中曾被一本书的副书名所吸引而驻足——"我一生的挑战：新加坡双语之路"，书名是《李光耀回忆录》。可能读过这本书的人很多，钦佩李光耀先生的读者也星斗满天，作为新加坡功勋卓著的资政，他把一个城市国家建成了享誉全球的发达经济体、特色文化体和社会共同体。这样一位精于国家治理的领袖，为何被话语问题所困扰，将语言认定为毕生的重要挑战呢？

　　生活在一个具有"人种博物馆"之称的国度，可能很多新加坡人都曾在人流穿梭、汽笛轰鸣中叩问过"我是谁""我来自哪里"的哲学命题。时刻辗转于不同种族、不同肤色和不同语言的跨文化交际中的确是一种别开生面的生命体验；华人社群、多国移民群体的聚居群居杂居，以及英语、中文、泰米尔语、马来语四种官方语言的交织，使新加坡人的语言生活和社会交往独树一帜。在外界看来，新加坡是世界多语言和多元文化共生的典范，是文明进程中文化人类学的案例，但对当地人来讲，是切实的存在和真实的生活。语言是交际触媒，但是也"具有标记性、符号性,和身份之间存在辩证关系,语言和语言的使用体现了'我们是谁',我们部分地通过语言和语言行为来定义现实"①,以此彰显族群身份。从日出到日落的朝夕之间,新加坡人可能交错使用几种语言,跨语生活对他们来讲或许已习以为常、日用不知,但在那语种选择和话语表达的瞬间,也是其族群身份彰显和认同的刹那,尽管这种语言和身份的结合可能是短暂的,但是这种间歇性的反复还是在很大程度上可以强化社会个体的身份意识和族群观念。从这个角度讲,中文的流通或者说华文的赓续对新加坡华人社会而言意义重大,保留或者以制度化的方式维护中文应用的场景不仅是交际日常,更具有社会学、政治学的意义和价值。

"语言是了解一个国家最好的钥匙",也是一个国家文化根脉、身份特质最为显著的象征。在常态社会环境下,语言的交际功能、情感功能通常是显性的、优先的,但当多种族、多语言、多元文化汇聚在一起时,"开口讲话"这一人之本能即与身份归属的一致性、社会价值的同一性瞬间链接在一起,语言选择变得复杂甚至焦灼,其语言的工具性让位于政治性。正如李光耀所言:"我们的教育政策是以国家为本。所以,不能单单以学术性的或者教育专家的传统意见作出发点。我们必须依照政治和社会的需要去考虑教育问题。"② 如果社会个体在日常生活中的语言选择普遍存在与集体取向的分歧或者博弈,那语言表达就上升为

---

① Triandafyllidou Anna, Wodak Ruth, "Conceptual and Methodological Questions in the Study of Collective Identities: An Introduction", *Journal of Language and Politics* 2 (2), 2003: 205-223.

② 李光耀:《李光耀回忆录》,译林出版社,2021,第23页。

关涉江山社稷、国泰民安的客观存在，也自然成为困扰国家领导人的现实问题。不可忽视的，国家领导人对语言的态度和情感会在一定程度上发挥意见领袖的作用，该国执政者对华语重要性的认可与彰显，影响着中文的应用甚至社会地位。语言文字作为"经艺之本，王政之始"的地位，无论是在传统社会还是全球化不断深化的今天都掷地有声、发人深省。

一 以国家意志确立语言的社会功能

新加坡是一个高度重视语言规划与政策的国家，在国家语言治理的过程中充分发挥了政策的能动性。这一方面源于宏观上，国家对外部环境的审时度势与适时跟进，另一方面与国家领袖的语言观、文化观密切相关。在一个多种族、多民族、多语言共生的社会环境里，跨文化的和谐是社会主要矛盾之一，语言是国家建设的资源，也可能是导致冲突的潜在隐患。新加坡的执政者对其所处的境遇有非常理性的认知，将语言视为战略资源，用政策系统影响或者说干预社会民众的语言选择和语言生活，甚至也在一定程度上间接影响了民众的社会文化身份。

教育政策是新加坡国家政策体系的重要组成部分，具有自我革新意识强、周期性迭代出台的特质，以及渐进修订和自我完善的机制。众所周知，教育政策是政治实体在一定历史时期内，为协调一定的教育目标、任务，协调内外关系所规定的行动依据和准则。[①] 新加坡的语言教育政策在其中占有相当的权重，"保持英语和汉语之间的平衡一直被认为是建立新加坡社会凝聚力和国

---

① 孙绵涛主编《教育政策学》，武汉工业大学出版社，1997，第11页。

家建设所需的独特语言生态所必需的"。① 该国教育部将双语教育政策视为其"教育体系的基石",因为其与国家的发展道路休戚相关。英语,是新加坡语通世界的一翼,也是实现超种族融通以促进社会凝聚力提升和国家认同的话语介质;而民族语言是标注民族身份的符记,通常被标记为民族传统和价值观念的符号。中文是华人族裔与过去联结的桥梁,也是维护华人集体心理规约的纽带,中文的缺位和失语意味着华人身份的消弭,其他族裔的母语也情同此理。基于此,该国政府将各种语言纳入服务于国家发展目标的蓝图中,有效实现了语言与国家存在的关切度、与政治的关涉度、与经济的关联度,以及与交际的适切度,在承载语言时代意义的同时,彰显了其国家意志。

二 以教育安排达成语言的价值功用

语言文字具有"经艺之本,王政之始"的价值是古之明君和今之领袖的共识,语言在建设"新加坡人的新加坡"之历程中发挥了重要作用。作为社会资源的物质性存在,其形塑声音、传达信息、建构意义、形成共识。新加坡的语言教育规划始于1956年立法议会华文教育全党委员会的报告,这比新加坡获得内部自治早三年,比该国完全独立早九年。这其中当然有当时社会矛盾的倒逼与助推,但也在一定层面上说明了语言在这个国度的重要性,以及官方的重视程度。在新加坡,这一传统得到多年赓续,本书稿有所体现,并概要梳理了其语言教育的发

---

① Shepherd J., *Striking a Balance: The Management of Language in Singapore* (Frankfurt: Peter Lang, 2005), p. 13.

展历程和阶段特质。总体而言，政府的教育安排，有特色有力度有实效，其语言教育政策助力了新加坡进入全球市场，加速了社会信息流动，促进了经贸往来，践行了语言的经济价值，同时推进了国际化人才储备，培养了本土人才的国际化视野和全球胜任力，也吸引了外部优质的人力资源，使这个发轫于莱佛士先生建立的"贸易站"的城市国家跃居世界经济、教育和人才链条的前端。

在新加坡，不是单纯以人口为参数制定语言政策并实施教育安排的，开放特质鲜明的多元文化教育理念彰显了理性主义的光辉。该国的教育政策及其实施过程都较好体现了语言服务国家战略需求和经济资本积累的获益性功能，面对多语言多元文化共生的社会现实，也实现了族群间的外在标志功能、不同族群民众间情感系联的融通功能，以及内在认同功能，甚至也在一定层面上形成了抵挡被外族文化异化的力量。而英语穿插其中，发挥了打通族群语言文化交际障碍、促进超族群认同的作用，在新加坡国家利益至上的信条下，助力形成了体现国家意志的语言介质和文化根基，这也是新加坡语言教育政策的底层逻辑。可以说，教育作为正式制度的系统化安排，确保了语言政治功能、文化功能、经济功能的达成，这种扎根于新加坡特质的理念与做法，不仅激发了教育力量、引导了教育实践、施加了教育影响，助力了教育目标的达成，也统筹了多种族、多民族社会的多元语言文化要素，回应了多个利益相关方的诉求，促进了意义协商，陶铸了集体心理规约，为当地社会和谐共生提供了秩序归属和动力机制，为新加坡的安邦兴国注入了积极稳定的力量。

三 以语言管理陶铸语言选择和语言实践

语言管理是通过任何形式的语言干预、规划或管理来修正或影响他人语言实践的活动,新加坡选择了四种官方语言:英语、中文、马来语和泰米尔语。其中,英语是主要工作语言、行政语言,是公共事务中的交际用语,以跨越族裔母语障碍促进跨文化交流、实现高效的人际沟通和社会互动;其他三种语言被认为是代表主要族裔的母语。与我们惯常的理解不尽相同,在这里,"母语"和日常用语之间的关联度不高,是血缘、家庭、种族分配给社会个体的标识语言,具有身份辨识和人文符记的作用。将语言和种族归属、文化传统、道德规约联系在一起,在一定层面上具有文化遗产活态保护的意义。

新加坡的语言管理与规划既强化英语语通世界的功能,也注重华族、马来族、印度族等族群母语的保护与承传,强调家庭、社区、习俗等在各族裔母语传递中的作用。该国政府所出台的多语政策、双语政策、媒体规范用语,以及中文学习分流机制等一系列举措,发挥了对民众语言选择和语言生活予以政策干预、议程设置和有效引导的作用。在该国政府眼中,"语言是一种资源,每种语言都是一种特殊的语言样品,贮存着语言所属民族的历史创造和文化智慧,具有其他语言无法代替的语言学及其他维度上的功能和认识价值"。[1] 所以,在社会语言学上,新加坡的语言政策、语言管理和语言教育实践具有景观意义和案例价值,也被很多不同国别的学者所关注。伴随世界范围内全球化程度的

---

[1] 李宇明、王春辉:《论语言的功能分类》,《当代语言学》2019年第1期。

加深和新加坡本土民众代际的更替、外来移民的汇入等多方面的原因，这个国家的语言景观一直具有产生新貌的活力。

中文作为华族母语，承载着语言赓续和文化薪火相传的使命，相关语言规划与管理举措，包括"讲华语运动"等的确发挥了重要作用，但不可回避的是，代际更迭，一代、二代华人移民的老龄化和全球化程度的加深，使新加坡的中文教育越来越带有"第二语言教育"的属性。应该看到，民众的语言选择往往是根据语言价值来进行的，英语的经济性、实用性原则，以及全球流通的工具属性和社会进阶价值，使越来越多的当代新加坡华人疏离中文，家庭的情感系联和母语维持在中文社会化应用和华族文化传递中的作用愈发式微，华族家庭语言干预所能产生的有效性也日渐折损。Z世代的新加坡年轻人在多元文化共生的环境下长大，现代性和超族群的意识与行动愈发释能，这是新加坡中文教育面临的时代挑战。

在爬梳文献、调查研究和访谈交流的过程中，新加坡中文教育的风貌与特色逐渐离析出来，由于时间、条件和能力所限，尚不能勾勒出该国中文教育的演进与全貌，本质揭示和内理诠释也有待加强，汇总现有素材和认知，付梓出版，待方家指正再优化提升，祈盼为国别中文教育研究提供绵薄参考。

马晓乐

2024年秋于山东大学

目 录

第一章　新加坡中文教育的政策规划与实践 …………… 001
　第一节　历史与社会发展述要 ………………………… 002
　第二节　语言规划与语言政策 ………………………… 012
　第三节　中文教育发展脉络 …………………………… 023
　小结与思考 …………………………………………… 029

第二章　新加坡中文教育概况与发展特色 …………… 035
　第一节　中文教育机构与学习者 ……………………… 037
　第二节　中文教师及其职业发展 ……………………… 061
　第三节　中文教材与教学资源 ………………………… 069
　小结与思考 …………………………………………… 086

第三章　新加坡语言生活中的中文发展 ……………… 092
　第一节　家庭语言生活 ………………………………… 094
　第二节　领域语言生活 ………………………………… 104
　第三节　中文发展新貌 ………………………………… 124
　小结与思考 …………………………………………… 147

第四章　新加坡中文教育的学术研究……………… 156
第一节　学术研究成果述要……………………… 157
第二节　中文教育研究历程……………………… 167
第三节　华文研究与实践………………………… 179
第四节　华文文学传播与变迁…………………… 189
小结与思考………………………………………… 197

第一章

新加坡中文教育的政策规划与实践

语言有其自身的发展规律，历史演进、社会变迁、技术迭代等都会对其产生影响。分析新加坡中文教育政策规划与政治、经济、文化、人口结构等方面的关系，以期在跨学科、多元化的分析路径下更好地认识其作用与影响，是本章的出发点之一。

东南亚地区民族众多，曾受中国、印度、阿拉伯等国家和地区文化的影响，近代以来又经历了西方殖民统治。东南亚各国二战后逐渐获得独立，其社会语言使用或多或少受到了地理环境、海洋贸易、外来移民等因素的影响，该地区文化背景与社会发展有一定的共性，将新加坡置于东南亚宏观语境下，以东西文化交流互动的视角，系统考察该国语言政策与规划是本章的出发点之二。

20世纪，尤其是第二次世界大战之后，许多新独立的民族国家，十分重视共同价值观塑造、国家身份认同建构以及国民语言能力培养，纷纷通过立法调整民族关系，维护社会稳定。其中语言立法、语言规划和语言政策三位一体，是语言管理和语言教育实践的"指挥棒",深刻影响社会交往中的语言使用。综合这些维度分析该国中文教育发展的脉络,是本章的出发点之三。

以新加坡华人社会为主题的研究已经有不少积累,议题主要包括华人社会结构与历史嬗变、华族文化传承与身份认同、中文教育实践与发展等。伴随中国综合国力和国际影响力的提升,特别是中新两国在政治、经济、科技、教育等领域的交流日趋紧密,其他族裔学习中文的需求与热情也逐渐高涨。在全球化背景下,从国际交往、国家关系视角出发,研究当地中文教育的发展,是本章的出发点之四。

本章梳理新加坡的历史与社会发展、语言规划和语言政策以及中文教育发展脉络。以新加坡与世界的互动及其历史发展、社会背景为"经",以当地华人社会生活变迁为"纬",在经纬结合的框架中围绕该国的中文教育政策规划与实践展开分析。

第一节 历史与社会发展述要

新加坡位于马来半岛南部,面积728平方公里,居东南亚中心,是连接亚、欧、非、大洋洲四大洲的重要交通枢纽,素有"东方直布罗陀"和"远东十字路口"之称。其历史与社会发展深受东南亚地域文化的影响。尤其是在区域化不断深入发展的当今世界,加强对地缘环境的关注,包括地理环境、地缘结构、地缘关系等,有助于以多尺度、多要素、长时段的综合视角对新加坡的历史与社会发展进行解读。地缘文化受自然地理和政治区位的综合影响,也受到地缘体内文化因素的社会性建构,具有稳定性和缓变性等特点，以便保持地缘体内部的稳定和自身"国际文化身份"的确立。[①] 考察该国的历史与社会发展，需将其置于东南亚地缘体的历史文化大框架之中。

在东南亚的历史发展和社会演进历程中，贸易始终是重要因素之一。东南亚地处中国、印度、阿拉伯和欧洲海上贸易通道的关键位置，早在西汉，东南亚地区的产品，诸如丁香、肉豆蔻、檀香木、苏木、樟脑和虫胶，就被输往国际市场。尤其是在国际贸易繁荣发展的关键时期，东南亚更是发挥着不可替代的作用。以16世纪为例，产自东南亚的胡椒、丁香等商品促进了商业资本主义的形成，如马六甲、北大年、文莱、金边、望加锡等，都成为世界贸易的中心。[②] 海上贸易的繁荣深刻影响着东南亚地区的政治、经济和文化，新加坡的历史也是在这样的大框架和背景下演进发展的。

一 历史发展与文化交流

新加坡地处东南亚中心，距赤道仅138公里，由于地理位置优越，早在斯坦福·莱佛士登陆前的500年，该地就已有华人居住，且与泉州通商，当时被称为"淡马锡"、"单马锡"或"龙牙门"，是海上丝绸之路的必经之地。近年来新加坡岛上各地发掘出土的文物，如宋元明的瓷器与钱币，以及1984年当地考古

[①] 胡志丁、陆大道：《地缘结构：理论基础、概念及其分析框架》，《地理科学》2019年第7期。
[②] 安东尼·瑞德：《东南亚的贸易时代：1450~1680》第2卷，孙来臣、李塔娜、吴小安译，商务印书馆，2013，第10页。

发掘出土的 14 世纪文化层遗物，均显示这里是个商港。① 1819年英国斯坦福·莱佛士爵士乘巡洋舰登陆，开埠设立自由贸易港，任何在该国通商贸易的人都可免税。1824 年，东印度公司买下整座岛屿，新加坡成为英国殖民地。

从开埠到第一次世界大战，英国殖民者实际上逐步控制了该国政治、经济等各方面，马来宗主对新加坡的实际控制权和管理权不断被削弱，居民生活和社会发展均被纳入殖民政府的管辖中。英国殖民政府在马来诸邦中的影响越来越大，逐渐打破帮会对移民和劳工市场的控制，加强了法治和社会秩序。在两次世界大战爆发期间，新加坡社会的主题是周期性的"繁荣与衰退"，战争期间各个族群间社会、经济和文化等方面的分野也更加显著。这一时期反殖民主义报刊，如《马来亚论坛报》《南洋商报》《星洲日报》等蓬勃发展，很多华人投身共产国际运动中，这些都让英国殖民当局感到不安，并驱逐许宜陶、庄希泉等华人领袖，关停华文报社，强行表决通过"学校教育条例"，关闭华校。

日本殖民时期，新加坡易名为"昭南"。为了将其变成自己的永久殖民地，日本殖民者通过烧杀掳掠的"肃清"行动，镇压了进步群体和普通民众，通货膨胀严重、粮食补给紧缺、教育殖民色彩浓厚、社会结构和阶层发生倒置，这一时期，当地的民族主义进步运动空前高涨。

1945 年 8 月，太平洋战争结束，日据时期结束，英国殖民者重返马来西亚。但马来西亚国内的民族独立运动不断发展，

---

① 柯木林：《从龙牙门到新加坡 东西海洋文化交汇点》，社会科学文献出版社，2016，第 1 页。

1959年马来西亚成为一个完全独立的国家，在是否合并入马来西亚并成为一个邦的问题上，新加坡政府摇摆不定。实际情况是，新马在二战后的经济发展、政党理念、教育政策已经存在较大差异。1965年新加坡宣布脱离马来西亚独立建国，新生的共和国需要激发人们对民族国家的共同归属感，据时任外交部部长信那谈比·拉惹勒南的说法，当地土著居民来自马来西亚、中国、印度尼西亚和中东各地，想通过追溯历史以确立一个统一的多民族国家，可能引发社会矛盾和族群冲突，因此政府必须"慎重选择一个多文化社会中倡导何种对过去的认识"[1]，选择1819年莱佛士开埠作为新加坡创立起点，突出贸易在新加坡发展历程中的重要作用。

独立后，新加坡迅速成长为全球重要的金融中心，1968年成为美元在亚洲市场的总部，1975年跃升为仅次于鹿特丹和纽约的全球第三大港口。该国独立后的8年内，对外贸易增速显著，逐渐超越了劳动密集型工业发展的阶段。20世纪70年代末，新加坡进入了科技推动工业发展的新阶段，创建技能发展基金，推动经济增长的腾飞，人们的生活水平和教育水平也进一步提高。20世纪90年代，新加坡人均收入水平已跃居亚洲第二。1997年该国举行大选，并确立主题为"新加坡21世纪：让它成为我们最好的家园"。21世纪以来，经历金融危机、失业浪潮之后，其经济结构更趋平衡，对转口贸易的依赖逐渐减少，工业、金融业的发展也吸引了大批的海外移民，当地的教育政策、城市

---

[1] 康斯坦丝·玛丽·藤布尔：《新加坡史》，欧阳敏译，东方出版中心，2013，第200页。

规划、社会政策也日臻完善。

2021年,新加坡国内生产总值5333.5亿新元(约合3876.9亿美元),人均国内生产总值9.78万新元(约合7.11万美元)。[①] 新加坡是共建"一带一路"国家,中新两国1990年建交,2021年中国对新出口额约为551亿美元,进口额约为388亿美元。[②] 中新(重庆)战略性互联互通示范项目、中国—新加坡苏州工业园区、中新天津生态城是两国政府间重要的国际合作项目。

经济的高速发展离不开文化、教育等关键因素的助力,同时教育、文化的发展也折射出经济结构、政治环境等的更迭,社会文化生态负载时代特征。英国的殖民统治导致了社会的高度分化,各外来民族在该时期对新加坡社会产生或大或小的影响,但彼此分化严重、缺乏融合。独立伊始,新加坡社会文化发展进程中东西方文化互动仍是主旋律。20世纪80年代,随着"讲华语运动"的开展,该国政府开始反思过度西化所带来的隐患,开始重视儒家思想在政治建设和社会治理方面的潜力和作用。20世纪90年代后,政府开始重视塑造以儒家思想为核心的共同价值观。

多元文化、民族、语言的社会现状,要求新加坡社会的共同价值观具有向心力、号召力和凝聚力,兼顾集体主义和个人主义,在传承民族文化的同时建构本土文化。1991年新加坡政府发布《新加坡共同价值观白皮书》,具体内容包括:国家至上、

[①] 《新加坡国家概况》,http://www.cidca.gov.cn/2023-04/05/c_1211964622.htm。

[②] 中华人民共和国商务部等:《2021年度中国对外直接投资统计公报》,2022年9月27日,http://images.mofcom.gov.cn/fec/202211/20221118091910924。

社会为先；家庭为根、社会为本；社会关怀、尊重个人；协商共识、避免冲突；种族和谐、宗教宽容。共同价值观是政府在儒家文化基础上，融合其他各民族文化而形成的，为推广共同价值观，该国政府坚持政党主导与社会参与相结合、媒体和法律共同建设，重视学校教育。

此外，该国政府设定各种法律保障社会共同价值观，禁止宗教、民族仇恨的言论和行为，比如《反煽动法》将不同种族或不同阶层的人民互相猜疑和敌对界定为煽动行为。新加坡的教育体系也服务于塑造共同身份和社会共识这一政治目标。教育部改革课程、教材、教学内容，强化中小学生的国家意识。中小学核心课程分为公民教育、道德教育、国民教育三个部分，注重培养学生的价值观念和生活技能，使之成为有活力、负责任的积极公民，从小培养学生的品德修养、公民责任感、民族认同和国家意识。新加坡共同价值观的塑造，旨在使民众接受并认同融汇东方与西方、兼具传统与现代的共同价值观，这也是社会发展的重要基础。

儒家文化内化于当代新加坡社会，并广泛存在于百姓的人伦日用之中。伴随华人移居新加坡，儒家文化也传播至此，并有两次规模较大、影响较深的儒学发展高潮，分别是19世纪90年代和20世纪80年代。19世纪末，受到中国维新思潮和康有为创建孔教会的影响，以邱菽园、林文庆为代表的在新华人知识分子，成立组织和规划章程，召集董事会，成立研究机构等。第二次儒学发展运动则由政府主导，时任总理李光耀建议将"儒家伦理"列入中三、中四修读课程，1982年该国教育部成立"儒家伦理编写组"，并邀请余英时、杜维明等学者指导。1983年，东亚哲学研究所成立，专事儒学研究、主办国际研讨会等，密切与中国的学术交流合作。儒学在新加坡落地生根、蓬勃发展，并与中国儒学研究互动、促进，并影响了东南亚地区儒学的发展。

作为中华文明全球传播格局中的重要组成部分，新加坡社会中的早期华人移民基于共同社会经验和族群身份，形成了华族文化共同体。现今新加坡华族人口占比约为74%，主要包括本土华人、新移民等。其中，新移民常指改革开放后移居国外的中国大陆公民①，以留学生、专业人士、商人等居多。随着该群体数量的增长，各种新移民社团也活跃起来，如校友会、同乡会、综合性社团等。移民社团在组织集会、信息交流、密切中新交往等方面发挥着积极作用，新移民促进了中华文化在当地的传播，加深了当地居民对中国的了解。

进入智能时代，新加坡政府通过拨款和赞助科技孵化器等方式，加速推进数字化社会发展进程，如中小企业数字化、支持数字能力的"智能国家计划"等。同时多元的种族、自由的文化和宗教政策，造就出丰富的文化特色，为数字人文项目提供了主题和素材。新加坡数字人文项目的快速发展得益于政府和社会多方力量的支持，为项目开展打破了学科限制、清除了交流协作障碍，促进实践内容丰富化、方式多样化，如东南亚《明史录》项目、亚洲土著语言和文化档案项目、新加坡人物传记数据库项目等。

二 国家制度与社会治理

政治制度是现代国家的"地基"。② 新加坡独立建国发展至

---

① 张秀明：《国际移民体系中的中国大陆移民——也谈新移民问题》，《华侨华人历史研究》2001年第1期。
② 欧树军、王绍光：《小邦大治》，社会科学文献出版社，2017，序言。

今，在错综复杂的地缘关系和国际形势中，其社会稳定、经济发展与国家基本制度建设有着密不可分的关系。新加坡现行的行政体制是总理领导下的内阁制，由总理公署、行政部门以及包括行业协会在内的法定机构等组成（见图1-1）。行政机构与国会、政治领导分立。每五年举行一次自由选举，任何政党都有参政权利。人民行动党在执政过程中，不断引入竞争因素，形成了执政党和反对党的良性互动。政治体系的适应性和公共部门的本土化都是新加坡国家制度建设的重要基础，保障政治体系的活力与社会秩序的稳定发展。

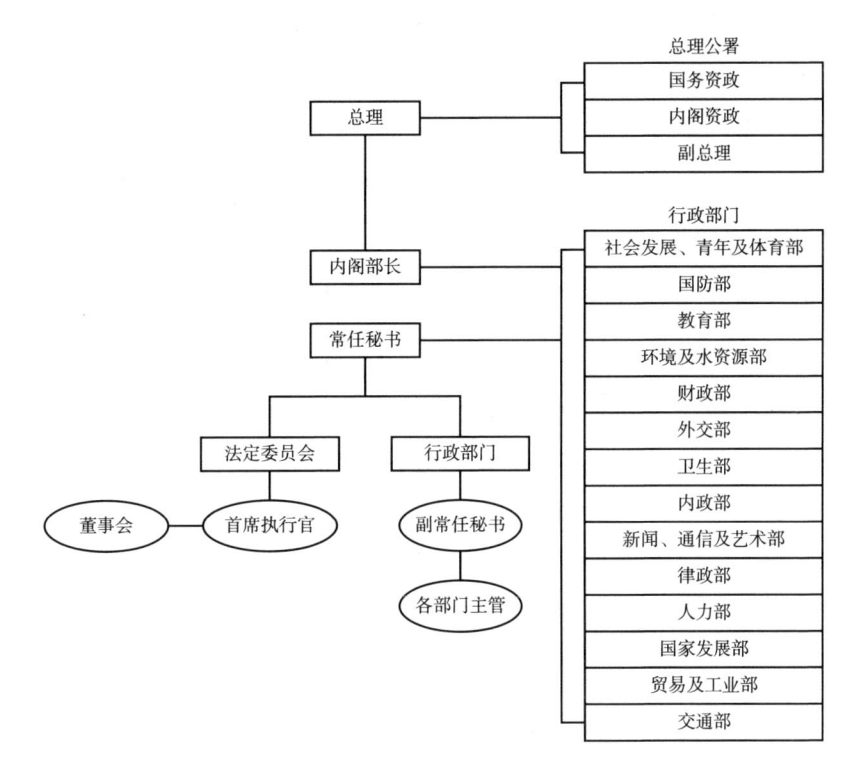

```
                                      总理公署
                                    ┌─ 国务资政
                          总理 ─────┤── 内阁资政
                           │        └─ 副总理
                           │
                           │                      行政部门
                           │                    ┌─ 社会发展、青年及体育部
                       内阁部长 ─────────────────┤── 国防部
                           │                    ├─ 教育部
                           │                    ├─ 环境及水资源部
                       常任秘书 ─────────────────┤── 财政部
                           │                    ├─ 外交部
                           │                    ├─ 卫生部
              ┌────────────┴────────────┐      ├─ 内政部
          法定委员会                 行政部门     ├─ 新闻、通信及艺术部
              │                          │      ├─ 律政部
     ┌────┐   │                          │      ├─ 人力部
     │董事会├──首席执行官              副常任秘书  ├─ 国家发展部
     └────┘                             │       ├─ 贸易及工业部
                                    各部门主管    └─ 交通部
```

图1-1　新加坡行政架构

009

从自治时期起，该国领导人就将公共部门定位为执政党政策的传递者与执行者，公务员需要投身社会生活中，接触普通民众，适应社会发展需求，提高政治敏感度。自1959年人民行动党执政之后，政府开始清退不合格公务员，增加本地人进入政府工作，推进公共部门的本地化。同时，新加坡政府也设置了严格的约束机制，重视高薪养廉，防止和严惩贪污腐败，树立政府部门的威信力。在人才选拔方面，该国政府设置了完整的奖学金体系鼓励和培养本地人才，向普通人开放了政治空间，这是该国贤能政治的特色之一。

新加坡自建国始保持一党执政，形成了"强国家、强社会"[①]的现代化治理格局，社会组织作为多中心治理的重要组成部分，在其中发挥着重要作用。目前，当地的社会组织主要包括官方社会组织和民间社会组织两种类型。前者由政府组织、管理和监督，被纳入政府管理的框架之中，事实上作为政府在社会中的延伸而存在。后者则由民众自发组织、共同管理，包括志愿性组织、公益组织、慈善团体、宗教团体等，具有一定的独立性与灵活性。新加坡的社会组织成为公民和政府间沟通的中介与桥梁，促进公共服务的精准化与专业化，同时社会各方力量共同参与国家治理，有利于塑造国家共同价值观，构建国家认同感。

---

① "强社会"和"强国家"的概念都是从社会和国家能力的角度来说，有关能力的具体界定却视角各异，争论很多。由于篇幅和主题的限制，这里暂不介入这些争论，只在承认政府、社会和国家能力真实存在且可被适当测量的基础上，权宜性地将能力统一界定为政府、社会或国家采取行动和行为的各种力量的总和。强社会就是社会能力强的社会；强国家就是国家能力强的国家。概念界定参见杨立华《建设强政府与强社会组成的强国家——国家治理现代化的必然目标》，《国家行政学院学报》2018年第6期。

社会共同价值观也是降低社会治理成本，保障社会秩序的重要基础。"政治上的濡化大致包括三部分：国族认同、核心价值和执政共识。"[①] 国家认同形成的基础在于人们对家庭、地域的认同、忠诚，因此政府需要塑造一套为大多数民众接受并且内化于心的核心价值体系，以此塑造人们的信仰和价值观。同时，执政党亦须在形塑何种社会共识、缔造何种国家认同以及如何治国理政等问题上达成一致意见。

共同价值观教育是一项长期的文化策略，其吸收了儒家思想和西方文化的积极因素。建国初，新加坡领导集体通过公开演讲、国会辩论等多种形式，将地缘政治、族群冲突和经济振兴等现实问题转化为形塑国民国家认同的动力。新加坡长期坚持举办"国民效忠周"活动，由国家元首主持，宣示新加坡人已经掌握了自己的命运，由政府组织和举办各种社会实践活动，如华人文化周、印度文化周、文明礼貌日、民族传统文化艺术节等，让人们从各个角度认识国家，认识多元文化和民族和谐的现状和必要性，比如2004年政府就鼓励国民缝制《狮城聚福图》。

新加坡社会发展的制度体系、实践探索等是近年来研究的热点问题。新加坡国立大学研究员黄明翰总结该国的社会管理模式为，来自英国的制度即一定程度上让民做主，源自东方的传统即绩效显著的为民做主，学习早期共产党风格即力图自主的为民做主，平衡社会发展与经济发展、平衡政府和家庭功能，处理经济全球化以及文化价值观本土化等。新加坡的历史变迁与社会发展都体现出浓厚的东西方交融、区域与全球联动的特

[①] 欧树军、王绍光：《小邦大治》，社会科学文献出版社，2017，第64页。

点，这也深刻影响着该国的语言规划、政策制定以及语言教育实践。

第二节 语言规划与语言政策

语言规划、语言政策和语言管理三者之间的关系，历来是中外学者关注和研究的热点所在。有学者认为，语言规划不仅包括自上而下的政府行为，还应包括基层及个体自下而上的行为，后者同样重要，是影响语言现实应用的要素，因此，在语言规划与语言政策实践的基础上发展出"语言管理"这一概念。以色列语言学家博纳德·斯波斯基（Bernard Spolsky）在《语言政策：社会语言学中的重要论题》一书中将语言政策分为三个相互联系和影响的部分：一是语言实践，即对语言库中的各种变体习惯性的选择模式；二是语言信仰或语言意识形态，即对语言本身和语言使用的信仰；三是语言规划或语言管理，即通过各种语言干预、语言规划或管理的办法来改变或影响具体的语言实践行为。[1] 斯波斯基的分类和论述，反映了语言生活中政府与民间的互动关系、语言实践和语言信仰的互动关系、语言使用和语言规划的互动关系，为我们讨论语言规划、语言政策和语言管理三者的概念、内涵与外延提供了有益视角。

"语言规划（Language Planning）通常是指政府、社会组织或学术部门等对语言生活（Language Situation）所做的干预、管

---

[1] 博纳德·斯波斯基：《语言政策：社会语言学中的重要论题》，张治国译，商务印书馆，2011，第97页。

理及相关计划,其中包含语言政策的制定及其实施等内容。研究语言规划的学科可称为语言规划学"。[1] 传统上,语言规划可分为语言地位规划(Language Status Planning)和语言本体规划(Language Corpus Planning)。地位规划确定语言(包括文字)及其变体的社会地位,内容较多涉及语言政策,比如国语的选择、民族共同语的确定等。本体规划是在地位规划的前提下进行的,目标是促进国语、民族共同语等这些有社会地位的语言不断规范、完善,使其能够很好地发挥地位规划赋予的语言职能。语言规划与语言生活密切相关,注重研究语言功能,探讨语言功能发生原理和运行机理及其正向功能的发挥和负向影响的遏制等。

语言政策是国家制定的关于语言的重要准则和规定,是指导语言选择、使用和协调语言关系、解决语言问题的基本原则和策略,属于行政行为,具有较强的指令性。中外相关研究的主要观照包括语言规划研究路径、历史语篇研究路径、政治理论研究路径、法律和媒体语篇研究路径等。[2] 美国著名社会语言学家费什曼(Joshua A. Fishman)认为,语言政策是"为了解决社会语言问题而采取的有组织的行动"。开普兰(Kaplan)和巴尔道夫(Baldauf)认为,语言政策是"为了在某一社会、团体或系统内部实现按规划的语言变化而制定的一系列思想、法律、规章、规则和实践"。[3] 中外学者对语言政策概念的界定虽有差异,但共同之处有两点:一是政策的目的性和政府作为,二是行政行为的

---

[1] 李宇明:《了解世界怎样做语言规划》,《中国科技语》2011年第6期。
[2] 张天伟:《语言政策与规划研究:路径与方法》,《外语电化教学》2016年第2期。
[3] 转引自陈章太《语言规划研究》,商务印书馆,2005,第57页。

驱动。

"语言管理"一词由诺伊施图普尼（Neustupný）和颜诺（Jernudd）于1986年在加拿大魁北克的"语言规划国际研讨会"上正式提出并使用，后来有诸多学者进行讨论。语言管理是指政府、社会机构或有影响力的个人对语言生活进行观测，进而通过一定手段对相应管理域内的语言生活进行干预、引导，以实现一定目的的活动。[①] 语言管理域包括家庭域、宗教域、工作域、公共域、学校域、司法医疗域、军队域和政府域等。语言管理是一种利益相关行为，代表着管理主体的政治经济立场及其利益，强调各级政府、各级学校等不同管理主体的共同参与。启发我们从主体性、关系性、整体性的视角出发，审视语言规划与语言政策，下文将语言管理的概念纳入规划与政策中一并探讨。

一 语言规划与语言政策的驱动过程

语言规划和语言政策是国家维护社会秩序与稳定发展的重要机制，有助于在特定领域引导公众认知、聚集优质社会资源。新加坡语言政策和语言规划实践在全球范围内独树一帜、特色显著，是推进其社会发展的重要力量，与该国政治经济发展、人口结构改变、教育体系改革等诸多方面相互影响。

梳理语言规划、语言政策和语言管理的内涵与外延，会发现三者彼此联系且互有交叉。丹尼斯·埃杰（Dennis Ager）从语言使用实践及语言使用目的的角度对语言加以定义，认为"语言作为交际工具"和"语言作为对象"。其从认同、国家形象、

---

① 魏晖：《试论语言管理及语言管理研究》，《语言科学》2018年第1期。

安全感和公平感、融合性和工具性、领导者的语言行为等多维度分析了语言政策与语言规划的驱动过程,[①] 为研究该国语言管理提供了理论依据和框架。本书基于对新加坡语言规划和语言政策发展的考察,并结合其历史与社会发展,分析个人、集体和国家等不同主体在语言规划和语言政策制定过程中所发挥的作用,对该国语言规划及政策进行分析和解释。

首先,就国家认同而言,新加坡独立建国后,以"我是新加坡人"为核心的国家意识的统一与建立是团结各民族的关键。语言要素对建构国家意识和国家认同举足轻重,语言所承载的文化要素承载着某一族裔的生活方式、思维模式、价值判断等,语言使用影响着个体的归属感、亲近感和认同感。该国政府通过语言规划和语言政策,对通用语言给予刚性约束和制度化安排,以发挥语言在凝聚多民族向心力和凝聚力中的作用。

其次,在国家形象塑造方面,语言规划和语言政策的具体内容与实践表征着政府的政治谋略,也推动建立民众对国家形象的认同。于新加坡而言,语言规划和语言政策不仅需要在维护民族团结、稳定社会发展方面发挥作用,同时也需要对外塑造独立、自由、民主的国家形象,在国际关系和对外交往中取得合法地位和正面形象,保障贸易合作与经济发展。

再次,论及公平感与安全感,语言规划和语言政策不仅关乎语言本身,也是社会秩序建构与维护的工具之一。考虑到通过吸引移民以稳定人口结构和数量等现实需求,语言政策的制定不仅

[①] 丹尼斯·埃杰:《语言规划与语言政策的驱动过程》,吴志杰译,外语教学与研究出版社,2012。

需要考虑政治方面，塑造国家认同感维持社会稳定，还要兼顾经济方面，选择通用语作为不同族群沟通的工具同时应对国际交流，更应照顾不同的民族情感以及家庭、社区内的情感联系。保证不同族群语言使用和语言教育中的公平感与安全感是新加坡语言规划与语言政策的驱动因素之一。

又次，谈及融合性与工具性，基于"作为对象的语言"的语言观，讨论其语言规划和语言政策的驱动力。宏观政策对语言生活和语言使用发挥作用的同时，我们也应该看到语言作为"交际工具"，受到个体情感、偏好、习惯、职业等多重因素的影响。在新加坡，英语作为使用频率较高的通用语，在社交、工作、媒体等领域都较为强势，英语的工具属性更为显著，是不同族群沟通交流的桥梁。而中文、马来语和泰米尔语在不同族群生活居住的社区更为重要，是个体维系情感、传承文化、建构身份的重要基础。

最后，领导者的语言行为也会影响一国的语言规划和语言政策。"国家层面语言治理的规划者通常由政治家、语言学家和政策专家等人员构成，其中政治家往往是语言治理的核心人物"。[①]李光耀的重要作用是不容忽视的，他出生在当地一个富裕的中产家庭，父母在英校接受教育，所以李光耀在家使用英语，在英校及英国留学的经历使英语成为他最为熟练的语言。在执政时期，为得到华人社会的支持，李光耀开始学习汉语以及客家话、福建话。李光耀在其回忆录中谈及了语言之于国家和民族的意义，阐

---

① 张治国：《政治家的语言生活和语言治理——以新加坡李光耀为例》，《陕西师范大学学报》（哲学社会科学版）2020年第5期。

述了语言的社会功能，也关注到语言学习等，在其执政期间颁布了一系列语言法规与政策，包括"多语+双语"政策以及"讲华语运动"等，国家领袖的以身示范，为民众语言生活提供了导向，也树立了榜样。

新加坡的语言规划与语言政策受到历史演进、社会发展、人口结构等多重因素的影响，其实践不仅彰显了政府责任，也折射出各级学校和不同族群个体所发挥的作用。

二 统一多样的语言政策

新加坡有英语、中文、马来语、泰米尔语四种官方语言，这些语言在社会生活中的使用情况有一定的差别，为维护社会稳定和多民族团结，该国政府制定并实施了适切的语言政策与语言教育政策（见图1-2）。

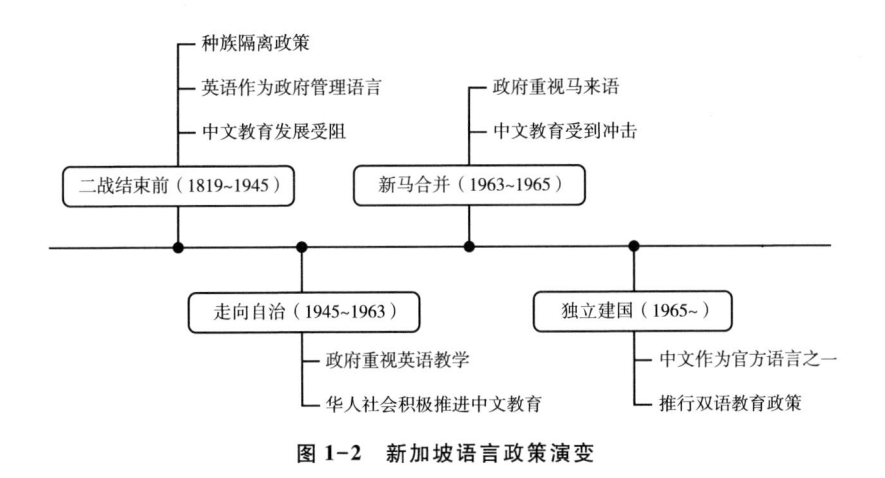

图1-2 新加坡语言政策演变

（一）语言政策的演变

新加坡语言政策演变深受政治环境、经济发展、人口结构等因素的影响，作为免税的贸易自由港，新加坡吸引了大批商人和移民，这一时期主要的移民包括马来人、华人和欧美人。由于英国政府派来的管理人员较少，为维持社会稳定，殖民政府主要实行种族隔离政策，给各族群设立了居住、经贸、生活、教育等分界线，行政管理语言是英语，由此英语也成为社会地位和寻求工作机会的重要工具语言。华裔、马来裔通过学习英语寻求更高的职位，或者凭借"英语+母语"的双语优势求职，通常从事教师、文员和翻译等，印度裔则多从事传统种植业。英国殖民政府较少干预各个族群的民族教育，各个族裔的民族教育呈现自我规划、自我管理的特征。这一时期陈嘉庚等华人相继创办华校，以中文作为教学语言，重视传统文化教育和华文传承。日据时期，殖民政府实行同化教育，强制学习日语，行政语言也改为日语。殖民政府对不同族群采取不同的政策，抬高马来族和印度族，雇用其为殖民政府工作，而针对华裔则实行了肃清行动，屠杀华侨、压迫华商、关闭华校，严重阻碍了华族文化和中文教育的发展。这一时期的语言政策进一步加剧了各个族群之间的对立情绪，阻碍了母语教育的发展。

此时的语言政策从宏观的政府规划、中观的社群规划到微观的个体规划均有变化。政府层面，英国殖民政府不断扩大英校规模，并出台《十年教育发展计划》，提出"所有学校，英文为必选科；后期小学，包括英语媒介而兼授母语，或母语媒介而兼授英语"。后又采取减免学费等手段吸引贫苦华裔儿童进入英校学习，灌输对英国效忠的思想。英国殖民政府对英语教学的高度重视成为华人社会推进自身母语教育的阻碍，受此影响华人渐次转向英语教育。

第一章　新加坡中文教育的政策规划与实践

新加坡脱离马来西亚独立建国后，团结各民族，塑造"我是新加坡人"的国家意识和价值认同，深刻影响着语言政策的制定和实践。1967年后政府推英语为主要行政语言，20世纪70年代以后，以英语为主的多语政策逐渐定型，其核心内容是：英语、中文、马来语和泰米尔语四种官方语言并存；英语作为工作语言，具有强势地位；教育坚持双语教育，英语是教学媒介语；各民族学生均学习母语和本民族文化。

新加坡推行双语教育政策，英语源流的学校以英语为教学媒介语，但要学习各自的民族语言；母语源流的学校则以母语为教学媒介语，但也要学习英语。双语教育政策的实施有助于缓和民族矛盾，维护社会稳定，推动国家经济发展，处理国际关系问题。当然，也应注意到，双语政策的实行也存在一些问题，如人才选拔、就职就业都以英语作为首要的选拔标准，挫伤了母语学习及使用的积极性，在一定程度上局限了母语使用的人群和机会，这种产出导向和社会需求导向反作用于学习者，负面效应逐渐显现，如母语学习动机减退、兴趣式微，包括中文在内的母语表达流利度逊色于英语。

双语教育对母语带来的冲击，以中文最为显著。为了提高中文在华人社会中的地位并改变华人的语言习惯，使他们"多讲华语，少说方言"，[①] 在1979年，新加坡政府发起了"讲华语运动"，旨在用普通话来代替国内的各种汉语方言，以便使中文最终成为当地全体华族同胞的通用语言，加强华人乃至整个社会的

---

① 此处"华语"主要指新加坡官方语言之一——中文普通话（Mandarin），"方言"主要指包括福建话、潮州话和广东话等在内的汉语方言。本书后文中相关讨论分别称为"普通话"和"汉语方言"。

语言交际。"讲华语运动"作为该国政府一项重要的语言规划和语言政策的实施活动，对新加坡华人的语言生活产生了积极影响，诸多华人的中文水平得到提高。除此之外，政府还推行简体汉字，实行汉字横排横写。总体而言，中文教育的快速发展得益于中新两国经贸往来的深化，以及中国国际地位的提升和国际影响力的发展，该国政府更进一步认识到了中文在贸易发展中的桥梁作用及其经济价值，这又进一步提高了华裔学生和其他族群学生学习中文的积极性。进入21世纪之后，中文已经不再只是华人社会的交际触媒和情感纽带，更是密切与中国经贸往来的重要媒介。

（二）新加坡语言政策的特征

统一多样是新加坡语言政策最为显著的特征，政府既考虑国家的历史渊源和地理位置，又考虑国家的现实状况和未来经济发展的实际需求；既考虑国内复杂的族群关系和利益平衡，又着眼于全民族的团结和统一，使新加坡社会各界及各种族的人们能普遍接受。该国政府明确将英语、中文、马来语和泰米尔语定为官方语言，并选定马来语为国语，同时在双语教育中把英语作为各族学生的第一语言来学习。

面对复杂的语言情况，该国语言政策发挥了重要的杠杆作用。其一，语言政策兼顾母语教育和英语教育，既保护了各民族语言文化的传承，同时完善的英语教育在培养多语能力人才、畅通不同族裔交流、积极参与全球交往等方面都发挥了重要的作用。其二，语言政策不仅影响教育领域，同时也是谋求国家发展、社会治理的政治手段之一。其三，新加坡"统一多样"的语言政策发挥睦邻友好的功能，虽然英语、中文、马来语和泰米尔语被赋予平等的官方语言地位，但它们的实际地位和现实作用差别很大。正如语言学家费舍曼所指出的，多语国家立国以及选择国语，需要注意"为了避免现有的主要语言之一获得优势地位，同时避免各种语言之间为了争取地位而长久斗争，这类国家通常选择一种具有国际通用地位的外国语言，作为全国性法定或实质的官方语言或工作语言"。[①] 新加坡的实践很好地诠释了这一点，从而也成为世界范围内语言规划、语言政策、语言管理的典范案例。在国家利益至上的取向下，英语的工具性、资源性和战略性得到激发，其他民族的母语则发挥了情感维系和族群文化赓续的功能，在民心凝聚、社团聚集、社区生活等方面发挥了不可或缺的作用。

三　语言政策对双语教育的影响

语言规划和语言政策影响语言教育实践的显著表征是语言教育政策的变化与发展，这也是近年来学界关注的热点问题之一。早期新加坡的语言教育政策及规划与现代化和发展理论相关且有三个关键的共同点：其一，乐观地认为语言教育政策及规划使少数民族语言群体受益；其二，政策及规划专家应当在制定、实施高效合理的计划和政策方面扮演重要角色；其三，学术研究及实践应当聚焦于民族国家。[②] 随着跨学科研究视野的拓展，语言教育政策研究逐渐开始重视社会政治体制复杂性对语言教育政策制

[①] Joshua A. Fishman. *Language in Sociocultural Change* (Stanford: Stanford University Press, 1972), p.376.

[②] 戴曼纯：《语言政策与语言规划的学科性质》，《语言政策与规划研究》2014年第1期。

定和实施的影响、语言教育对象的学习态度和语言习惯，以及语言教育政策对母语的影响等诸多问题。语言教育政策研究的演进，一方面受到语言政策本身的影响，另一方面也体现了时代变迁语境下教育实践的变化。如在联邦时期，以马来语为教学媒介语，独立后则选择了英语。地缘、种族和历史变迁的复杂性，以及国家利益至上原则，是该国语言政策和语言教育动态调整的底层逻辑，因此，新加坡政府在建国初期就把塑造共同价值观视为国家任务，力图建立多元种族、多元文化、多元语言、唯才是举的国家。

对教育的重视是这个国家一以贯之的传统，新加坡人民行动党在执政期间把政府近 1/3 的预算投在了教育上。1959 年，该党坚称"教育必须服务于一定主旨"，根据社会需要来安排。1965 年后，教育体系的设置服务于国家的塑造和建设事业。为打破各民族彼此隔膜状态，塑造新加坡人的国民意识，政府制定了适应国家生存和共识塑造需求的语言政策，具体内容包括①：四种官方语言地位平等；推行马来国语政策；落实双语教育政策；建立混合学校，打破种族和语言边界；设立文化部，负责形塑共同国家意识等。

新加坡语言政策对双语教育的影响还体现在，英语成为社会语言生活中的强势语言。双语教育的初衷是以英语为谋生工具，以母语保留传统文化价值观，在此前提下坚持多元种族政策，各种族在语言、宗教及教育上一律平等。虽然英语是金融贸易和国际外交的主要语言，但它仍旧表征着过去殖民统治时期的记忆，

---

① 周进：《新加坡双语教育政策发展研究》，河北大学博士学位论文，2014。

矛盾之处在于：华裔在新加坡社会人口结构中过半，但普通话使用频率并不高；为了和周边国家保持关系，将马来语作为国语，但使用马来语的人口数量有限。新加坡教育制度强调的精英主义，也给有天赋的年轻人施加了极大的压力，那些基础较差、不够优秀的人无形中被推到了不受重视的角落，教育的红利逐渐偏向中产阶级家庭。该国的语言教育政策是一项错综复杂的系统性、历史性、社会性工程，既需要立足于多民族、多文化、多语言的现实国情，也需要适应国际政治环境及经济发展趋势。

第三节　中文教育发展脉络

在历史演进和社会发展的大框架下，探讨和分析新加坡中文教育的发展脉络，离不开对其华人社会产生与演进的考察，以及对社会语言现状的探讨。据《岛夷志略》记载，中国人在新加坡最早的活动可以追溯到14世纪，中国商人在当地从事贸易活动。1819年开埠之后，大量中国移民涌入，华人占当地总人口的比重自1845年起已经超过其他种族。新加坡华人移民主要来自我国闽粤地区，1877年清政府在新加坡设立领事馆，设立中华商务总会（新加坡中华总商会前身），以增强华人社会的紧密联系，促进华族文化的保护与传承。新加坡最早的华校出现于1904~1908年，旨在让华人社会的年轻一代传承母语、接受启蒙，这也是该国中文教育的开端。

一　中文教育发展历史与现状

1819年新加坡开埠以来，该国的移民主要来自中国、印度尼西亚、印度、巴基斯坦、菲律宾等地。华族、马来族和印度族逐渐发展成为新加坡的主要种族，且拥有各自的母语，即中文、马来语和泰米尔语。但是各个民族语言内部构成十分复杂，其中华族除了使用普通话外，还有客家话、福建话、潮州话、海南话等多种方言。

中文在新加坡的传播可追溯的时间较早，在英国人登上新加坡岛之前，那里就已经有母语为中文的30余名华人，而当时全岛的居民才只有150余人。[①] 根据1957年的人口普查数据，当时在新加坡使用的语言逾30种，华族使用较多的分别是福建话、潮州话、广东话和海南话，使用普通话的华族仅占总人口的0.1%。囿于方言差异，华族内部口语交际亦存在困难。为促进族群团结和社会交往，华人社区通行普通话，使其成为本地华族的共同语，华人社会在家庭中使用方言的人数也随之逐年减少，中文普通话的影响力得到强化。

英语是新加坡四种官方语言中较为强势的，自殖民时期始，英语一直是该国的行政语言，也是各级各类学校的教学媒介用语，同时也是不同族群沟通、往来的语言。在与其他语言长期接触的过程中，英语逐渐形成了地方性变体，即"新加坡式英语"。2000年新加坡政府实施"讲标准英语运动"，该运动的口号是"好好讲话，让人听懂"，倡导各级各类学校的在校学生强化标准意识，修正和优化英语表述。

马来语是新加坡的原居民马来族人的母语，由于原居民的风俗习惯等文化属于马来文化的一个分支，新加坡独立建国后为保

---

① 柯木林主编《新加坡华人通史》，福建人民出版社，2017，第48页。

持和周边国家的友好关系,将其作为国语和四种官方语言之一。但是马来语在使用范围和交际功能方面,远远比不上英语和中文。值得重视的是,由于历史和文化的原因,近92%的马来人在家庭中都使用马来语。[1] 泰米尔语主要是随着印度移民的到来传入新加坡的,是使用人数最少的官方语言。

二 中文教育发展脉络

在新加坡历史和社会发展过程中,中文教育始终受到政治因素、人口结构等外部因素的影响,双语教育政策的实施与改革,在维护国家和社会统一的基础上,也保证了母语及其文化的传承。兹扼要介绍新加坡华校及讲华语运动的发展。

1854年陈金声父子创办了第一所免费的华人私塾——萃英义学,此后不断涌现诸多以汉语方言为教学媒介用语的华人私塾,这中间也包含华人女子学校。华校的出现提高了华裔儿童的中文水平和民族身份认同,同时也维系了当地华人社会的团结。1919年,受到中国"五四运动"的影响,华侨中学成立,这是新加坡第一所现代意义上的华校,也标志着该国的中文教育展开新的篇章。华侨中学强调纯普通话教学,弃用方言。在这之后,公教中学、南洋女中陆续成立,这些华校的教师、课本都来自中国。在20世纪20年代,由华人会馆创办的中文学校亦不断涌现。

中文教育的迅速发展逐渐引起了英国殖民政府的注意。殖民政府出台了一系列法令法规对华校进行打压。如1920年颁布了

---

[1] 崔东红:《新加坡的社会语言研究》,复旦大学博士学位论文,2008。

《学校注册法令》，在该法令之前或之后创办的学校均需注册，学校教师及管理者也需要在政府注册，否则视为违法而加以惩罚。该法令一经颁布，引起了华人社会的激烈抗争，但是反抗并未成功，推动反抗运动的中华教育总会也被关闭。法令颁布之后，政府逐渐将华校纳入管理范围。

据统计，二战前新加坡有华校369所，而二战期间开办的学校只有23所，实际复课的仅有21所，其中6所为乡郊学校，15所为市区学校，学生人数仅为原来的18%。[①] 日据时期，中文教育发展遭遇低谷，1944年殖民政府颁布《有关华侨新教育政策》，废除私立华校，同时禁止公立华校使用中文教学。为了加强公立学校的日语教学，政府还规定所有中文教师须加入日语训练班。

战后，政府颁布《中文学校——双语教育与增加津贴金》，该规定为突出英语教学，限制中文教学，提出学校如申请津贴金，应培养学生的新加坡公民意识，同时兼具中文和英语能力。1955年，华族九党派通过协商共同发布了《各党派中文教育报告书》，主张平等对待马、华、印、英四种语文源流，实行双语教育，这一主张后来成为新加坡语言教育政策的基础。1956年，政府发布《教育政策白皮书》，指出政府将"平等对待各语文源流教育"，对所有语文源流的学校都给予一视同仁的财政资助。1967年新加坡教育部将各语文源流学校的第二语言，规定为升学会考中的一门科目。从1987年起，除了9所特选学校以外，全国各学校正式确立以英语为第一语言，母语为第二语言。之

---

① 王秀楠：《东南亚教育史纲》，东南亚教育研究中心，1989，第76页。

后，由教育部牵头编写的有关中文教育报告书不断涌现，影响着教育实践。

此外，新加坡教育部在中小学实施特选学校计划，将英语、中文并列为第一语言，目前共有11所中文特选学校。新加坡国立大学、南洋理工大学、新加坡新跃社科大学开设中文及相关专业，如汉语言文学、中国文化与语言、对外汉语教学、学前中文教育等，形成了"本—硕—博"全层次人才培养体系。新加坡国立大学中文系设有云茂潮中国文化研究中心、新加坡人物传记库等研究机构，相关研究成果丰硕。随着中新两国在政治、经济、人文等领域的交往不断深化，新加坡中文教育的发展空间不断增加。

三 中文教育发展特征

（一）深受语言规划影响，体现领袖语言意识

新加坡的语言规划及语言政策对该国的中文教育实践与发展影响深刻，具体表现包括以下几点。其一，该国的多语政策，确立了中文作为官方语言的重要地位，促进了独立建国后中文教育的复苏与进一步发展。教育体系中的双语教育实践，保障了中文作为母语的传承与保持。其二，"讲华语运动"是新加坡最"长寿"的社会语言运动，自上而下推广实施，促进了中文在家庭、社会语言生活中的使用。其三，领导者的语言生活、语言学习影响着该国的语言治理和语言政策。以李光耀为例，他个人在执政后主动学习普通话、闽南话和粤语，并将孩子送入华校读书。李光耀执政期间，也推动和帮助了华文特选学校的发展。

（二）回应华人社会教育需求，建构民族身份认同

随着全球化的深入发展和华人社会的变迁，华族后裔的代际传承已成为客观事实，当地华人和其他族群源流人的语言生活也发生了诸多变化。新加坡的中文教育面临新的机遇和挑战，基于学习者构成的复杂性和当地语言生态的多样性，在时代语境下须强化分层意识：一方面是面向华侨华人的中文教育，另一方面是面向其他族裔的国际中文教育。前者的实践与发展既有利于中文及中华传统文化的保持与传承，以母语的情感属性维护当地华族的民族记忆与身份建构；后者是当地双语教育的重要组成部分，其核心旨在建立"我是新加坡人"的国家意识和国家认同，维护多民族国家统一。新加坡中文教育的价值合法性、有效性，体现在其实践兼顾和平衡了国家意识塑造与民族文化传承，稳定了社会秩序。

（三）发展语文技能，传递华族文化价值观

实用性、交际性、工具性是新加坡中文教育的重要特征，一方面，重视听说、读写跟上是突出特点，着重培养学生的口语能力和交际能力；另一方面，随着中新两国各方面的联系和交流日趋紧密，新加坡在教育实践中愈发重视呈现和介绍当代中国真实的社会与发展情况，增进中文学习者对中国国情的了解与理解，为跨文化交流奠定基础。培养学生的开放心态与全球意识，帮助学生认识文化的差异性与多样性，是当地双语教育的宗旨与目标之一，同时也在落实国际理解教育理念。中文教育不仅是培养学生的语言能力、传授文化知识，更重要的是培养其尊重不同文化差异的开放心态，塑造公民意识，形塑多语能力以及对多元文化的开放心态，培养学生的国际视野和核心素养。

小结与思考

在多民族共生的现代国家中，语言政策已成为多方关注与重视的议题，语言政策的制定及推广受到历史、政治、经济、教育等多方面因素的影响。新加坡的语言政策实践，顺应经济社会发展趋势，体现出务实主义倾向，取得了较为显著的成效，赢得了国际社会的普遍赞誉。在不同发展阶段，该国政府重视国家语言能力的规划及可持续发展，善于利用语言资源，针对社会问题开展语言治理，提供语言服务并及时规范处理相关问题。"统一多样"的语言政策有利于发挥其语言资源优势，使其在海陆交通枢纽、东西方文化交汇点的重要位置上，发挥作为国际金融中心、世界贸易中心的重要作用和价值。

语言学家鲁查德·鲁伊斯（Richard Ruiz）认为，语言规划中的"取向"就是"人们对语言及其作用，以及多种语言及其社会作用的一种复杂认识的倾向"。[1] 根据个体之间、群体之间及其所处社会环境之间的差异，语言规划的价值大致可分为三种不同的基本取向：将语言视为问题、权力和资源。详细探讨不同观念下新加坡语言规划之取向，能够为该国语言政策及实践提供更加广阔的理论视角。

（一）语言问题观视域中的新加坡语言治理

语言是一个民族的象征，多民族语言和文化的多样性对多民

---

[1] Ruiz Richard, "Orientations in Language Planning", *NABE Journal* 8 (2), 1984: 15-34.

族国家的凝聚力与稳定性存在一定的影响。基于此，一些国家的政府会将民族语言多样性视为不利于主权统一、社会稳定的因素，而将多语政策、双语教育等作为建构公民身份和增强国家认同的媒介和途径。例如法国、德国等多民族多语种国家，会基于民族和谐共处、避免国家分裂等需要推行多语教育政策。这种视语言为问题的双语或多语教育政策通常受到一国人口结构、移民潮等因素的影响。基于语言问题观的逻辑，新加坡将英语、中文、泰米尔语、马来语同时定为官方语言，在尊重各民族语言文化的基础上，保障英语的政治地位，体现了决策者对各民族语言文化传承与保护的平衡，具有维护社会稳定和国家统一的功能。新加坡"统一多样"语言政策的张力平衡受到了政治背景、人口结构、语言价值取向、社会环境等多重因素的影响。尽管历史上不同时期的语言政策略有调整，但该国政府的政策制定始终以维护国家利益和安全为前提，将各种族语言文化的传承置于建构共同价值观和国家认同的框架之中。

（二）语言权利观视域中的新加坡语言政策

语言和文化是民族和国家风俗习惯、精神信仰和价值观念的深切体现，也是民族身份的重要标志，在多民族国家的社会交往中不可避免存在差异甚至冲突，这也要求决策者将语言文化可持续发展视为维护各民族权利的基本途径。基于语言权利观的逻辑，语言政策制定需要考虑各民族语言文化平等传承，重视双语甚至多语教育，增进各民族的族群情感、民族认同和家国情怀，增进各民族语言文化间的交流互动，营造平等和谐共处的社会环境。

新加坡作为多民族、多元文化并存的国家，其语言政策的制定和实施不仅需要考虑政治安全，还需关注各民族文化传承与多元文化和谐共处。该国语言政策尤其是多语教育政策的制定与实施有效促进了多民族文化整合，以及"我是新加坡人"的共同价值观念的建构，同时通过母语教育、多元文化活动等实践，促进了各族文化的交互渗透与和平共处。也就是说，基于语言权利观逻辑的新加坡语言政策，不仅是维护各民族文化传承与权利的基本途径，也彰显着该国语言规划及政策从工具属性到情感传达、文化发展等更深层次的发展。

（三）语言资源观视域中的新加坡语言政策

为适应日益频繁的国际交流，在跨国合作中取得竞争优势，一些国家将语言视为加强国际竞争力和影响力的工具和资源。"语言是资源"的价值逻辑是将语言视为不同国家或族群间的政治、经济、文化等交流的桥梁，认为语言文化多样性与国家发展是相辅相成、相互促进的关系。基于语言的民族性、经济性等特征，该国政府在维护国家统一、社会稳定的基础上，推行多语种并存发展的语言政策，同时充分发挥多样化语言资源的优势，积极与其他国家进行交流合作。

新加坡将英语作为优势语言，确立其作为行政语言和教学语言的地位，充分开发和利用英语语言资源，在国际交流合作中占据优势地位。具体表现为，1965年建国初期，强制性推行"独尊英语、多语并存"的双语教育政策，面向马来人、华人和印度人的教学语言均改为英语，逐渐实现教学源流的统一。1978年之后，该国政府发挥英语优势积极发展国际贸易事业，同时逐步建立以儒家文化为核心，融合西方优秀文化的国家价值观念，并通过教育实践在新生代国民群体中树立"我是新加坡人"的身份认同。21世纪以来，随着中国国际地位的提升和国际影响力的发展，政府逐渐开始重视华校建设和中文教育发展，借此密切与中国的经贸往来。语言问题观、语言权利观和语言资源观为分析新加坡语言政策制定与实施提供了新的视角和思路，但任何一国的语言规划与政策制定，应是出于国家统一、政治安全、经济发展、文化传承等多方面因素的综合考量，才能为语言与文化传承、传播与创新发展提供坚实基础。

（四）区域国别研究视域下的新加坡语言政策

新加坡中文教育的发展，为区域国别中文教育提供了广阔的空间，也与东南亚研究、新亚洲研究理脉相通。区域国别范式代表新的跨地方、跨国家、跨文化的多元互动视角，着眼于政治、经济、文化等一体的知识空间，同时强调不同学科的交叉融合，为新加坡中文教育研究及发展提供了一种基于"互视"视角的分析框架。在区域国别研究范式中，国家作为分析单位，不仅是政治疆界的表征，同时也是族群、语言和文化的标识边界，一国的语言政策是在综合因素的知识框架下制定并实施的，这种知识框架具有情境性、在地性。从另一个角度来说，关注语言政策，也有利于将抽象的国家概念具象化、制度化。

国际关系问题也是区域国别研究中的重要议题，同时也与语言有着千丝万缕的联系。语言是影响国际关系发展与结果的重要因素，并且逐渐成为国际关系研究的重要视角。语言学及政策研究中的概念逐渐被应用于国际关系研究中，如叙事、话语、霸权话语、语际关系等，推动了国际关系理论和国际关系研究的深入发展。新加坡的语言政策及相关研究，也充分体现了该国政府在国际关系和区域环境的形势转变中，及时进行政策调整的发展动态。未来无论是在政策性研究，还是在学理探讨层面，新加坡语言政策也会成为中新两国关系发展、东盟国际合作等领域的重要议题，同时也会对国家形象构建、话语能力提升、国际话语权塑造、对外传播实践等产生新的思考。

（五）数字人文视域中的新加坡语言政策

语言教育的数字化转型是信息技术与教育融合发展的必然选择，也是推动教育创新变革的重要方向与路径，而语言规划与政策是教育转型的先决条件之一。面向新时代的教育需求，基于数字技术与人文主义相融合的逻辑，亟须探索新加坡语言政策制定与实施的新发展。当地政府推行的"智慧国2025"计划，主要包括三个"IN"框架，即创新（Innovation）、整合（Integration）和国际化（International），由政府统筹构建覆盖整个国家的数据链接、收集分析的基础设施和操作平台，使用信息作为催化剂，分析、预测、洞察并满足社会治理和公共服务所需要的要素，以期在教育、医疗、交通等各个领域做出更为科学合理的决策。构建"虚拟新加坡"并提高数字治理能力，成为该国政府培育新的治理文化，推动治理结构改革的发展方向之一。就语言政策制定和研究而言，也应乘国家数字化治理和教育数字化转型之势，实现分析、诊断、预测、决策等协调一体的治理链条。

数字人文视域下，语言政策的制定与实施应将个体的数字能力纳入考量范围，同时也应关注语言教育政策、语言生活服务等诸多方面。新加坡通信与信息部于2018年发布了《数字化就绪蓝图》，强调培养和提高国民的数字就绪度，包括数字素养、数字参与和数字获得感，分别指使用数字技术的知识和技能、利用数字技术提高生活质量，以及可以负担的数字设备等。同样，探索语言政策如何与数字化生活相融合，如何提高国民数字就绪度，也应获得关注和重视。

新加坡中文教育的发展与其人口结构的变化、中新两国关系的发展、教育技术的发展等诸多因素密切相关。其中，从新生代华裔的现实情况及其中文学习动机与需求的角度出发，宏观语言政策及家庭语言政策影响新生代华裔的中文能力，多语社会的语言环境、双语的教育政策影响着华裔的语言选择、语言使用及语言能力，同时家庭在中文教育中也扮演着重要角色，如果父母重视继承语教育，并关心子女对族裔身份的归属感、对母族文化的认同感，在家庭中积极营造有利于中文学习的语言环境，子女的中文能力会得以保持与发展。新加坡的中文教育实践发展时间较长，双语教育过于强调英语，导致部分学生母语语文能力欠缺，在新时代背景下，国际中文教育的发展在当地可以划分为面向本土华裔和移民的中文教育，以及面向其他族裔的中文教育，分层地精准对接不同学习者的需求和特点。同时积极建设语言智库，立足新加坡国情，提供针对性、前瞻性、创新性、实效性的中文传播战略。

密切中新两国的文化交流互动，可以借新加坡处于儒家文化圈的文化共性，积极开展多种形式的文化外交，以中文教育为纽带重点连接中新两国的文化脉络。在政策上鼓励中国优质文化产品出口，如经典文学作品、网络小说、文创产品、电影电视、流行歌曲等，有利于当地民众认识和了解中国，尤其是当代的、发展中的中国。

第二章

新加坡中文教育概况与发展特色

新加坡国际化程度高，教育质量享誉全球。中文教育是该国母语教育的重要组成部分，其教育实践主要遵循"英语为主、华文为辅"的双语教育原则。双语教育原则和模式经历了长期的发展过程，不仅反映了该国语言的选择和教学安排，更体现了该国结合国际经济发展形势和自身发展实际后的顺势而为。

尽管英语、中文、马来语、泰米尔语都是该国的官方语言，但只有英语是通行的教育和行政语言。政府倡导国民学好英语，有利于国民自己和国家的国际化；同时学好继承语，以赓续本民族的文化传统。中文课程很早就被纳入国民教育体系，是该国中小学华族学生的必修课。自1979年起，政府推出"特别辅助计划"，为精通中文及英语的学生开设中文教育课程，让学生在学校里同时使用英语和中文作为第一语文。在此背景下，新加坡教育部批准设立"华文特选学校"，这些学校担负着为国家培养双语人才和传承华族传统文化的重担。

贯彻落实以上方针和理念，需要依托高质量的教育教学，师资是高质量达成的要素之一。在打造高水平中文师资队伍方面，该国同样发挥了制度优势，制定了一系列政策措施和实践路线。抬高入门门槛可以从源头上保证教师基本素养和教学水平，中小学教师绝大部分来自新加坡南洋理工大学国立教育学院教师教育项目的优秀毕业生。为了充分发挥教师专长和潜质，该国教育部以职业发展为导向，秉承分类指导的原则，摒弃"一刀切"的机械做法，为教师提供了多种职业发展路线，并提供国内外进修的机会和经费保障，倡导教师互学互助，促进中文教师多方位素养和能力的锻炼与提升。

与师资质量的保障措施相仿，中文教材的编写和持续更新也呈现"政策指导文件—课程标准—教材编写"三方联动的特征。新加坡教育部定期邀请国内外专家研制中文课程标准，确保其专业性和科学性；秉持与时俱进的理念，约每10年开展一次较大幅度的优化调整。该国的标准意识比较强，中文课程也一直在标准参照下得以推进，自1959年至今，其教育部已颁布了覆盖学前教育到中学教育各阶段的课程标准。各类教育机构、团体或者个人须依据标准持续开发和迭代优化本土中文教材及其教辅资源，为学习者提供质量高、针对性强的中文学习资源。在此基础上，也注重不同学习者的个性化需要，因材施教，实施差异化教学；秉持"华文学习一个不能少"的理念，以优质资源激发学生特别是中小学生的学习兴趣，发挥教材及其配套资源的杠杆和主线作用。

本章共分为三部分，分别是中文教育机构与学习者、中文教师及其职业发展、中文教材与教学资源，较全面地梳理并呈现了新加坡中文教育的发展现状和显著特点,并从其国家教育政策、移民文化背景、中新两国合作、数字技术赋能等角度,对新加坡当地的中文教育发展进行了问题剖析和未来展望。

第一节 中文教育机构与学习者

中文教育的实施是一个系统工程,需要学校、社会组织、教辅机构等多元主体共同推进。在新加坡双语教育背景下,各类机构的职能不同、作用不一,中文学习者在各类机构学习的过程中,还或多或少地受到国家政策、经济形势、当地环境,以及自身社会文化身份等多方面因素的影响,这在一定层面上也成为其学习动机培养、学习兴趣激发、学习成效保持的干扰因素。

一 中文教育机构

(一)学校

新加坡教育采东西方文化之长,在一定程度上有精英教育的导向,教育理念先进,教学方法灵活多样,注重激发学生的潜能,促进学生的个性化发展。整体而言,该国的教育包括学前3年、小学6年、中学4~5年、初级学院2年和大学3~4年,其教育体制如图2-1所示,分流制和个性化选择机制鲜明,尊重学生个体的兴趣与才智,为学生提供全面且适宜的学习和发展路径。

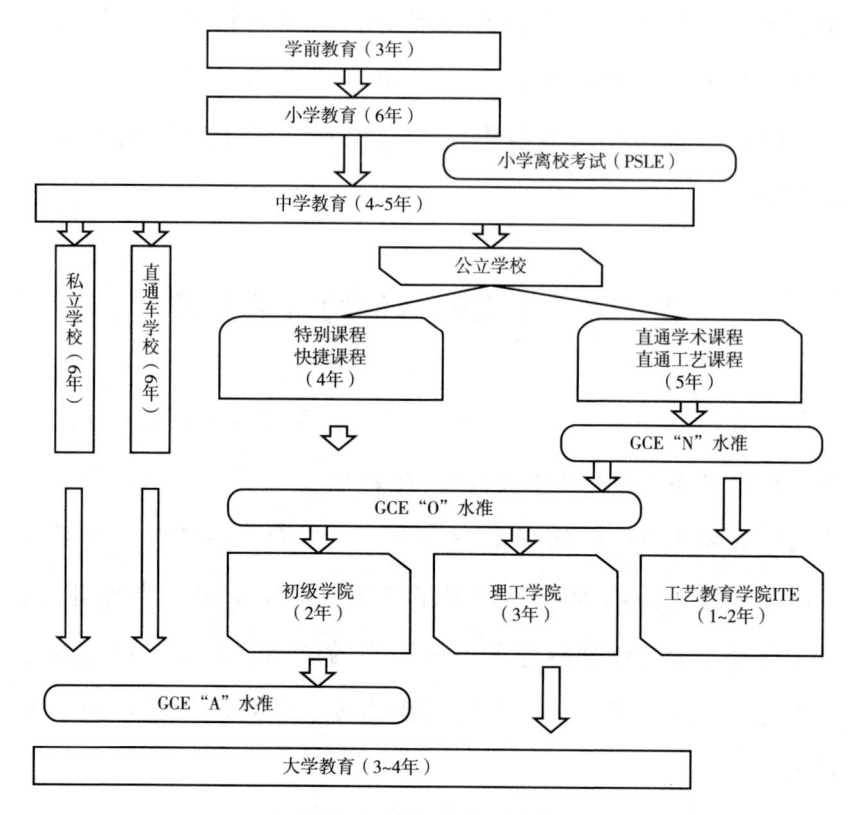

图 2-1　新加坡教育体制

1. 幼教机构

该国幼教机构主要为18个月到6岁幼儿提供教育，从办学方式上分为幼儿园（Kindergarten）和托儿所（Child-care Center）。为践行双语政策，幼儿园为每个班级分配了母语和英语教师，旨在从小培养孩子的双语能力和文化素养。幼儿园和托儿所受新加坡幼儿培育署（The Early Childhood Development Agency，ECDA）的监督。ECDA是由新加坡社会及家庭发展部主办的自治机构，同时受教育部监督，于2013年4月1日正式成立，负责学前教育的监管和发展工作。目前，该国约有1130所托儿所和500所幼儿园。除教育部成立和管理的幼儿园、私立幼儿园以外，还有学前教育五大主要从业者：京华基督教青年会、馨乐园教育服务（Kinderland Educare Services）、伊顿国际教育集团（EtonHouse International Education Group）、人民行动党基金会（PAP Community Foundation）、职总优儿学府（NTUC First Campus）。

2. 中小学学校

新加坡实行小学六年义务教育制，每个年龄为6~15岁的新加坡公民必须接受六年义务教育。中学教育分为四年制和五年制两种，其中四年制包括特别班和快捷班，五年制包括学术班和工艺班。分流制是该国中小学教育的特色之一，能为学生提供适宜的、个性化的课程体系和成长路线。分流制是由1979年发布的《吴庆瑞报告书》（又称《新加坡教育部报告书》）提出的，目的是促进教育资源的均衡分配，因材施教，提升教育的多元化、公平性和教学效率。分流制即依据分流考试的成绩，将学生分到不同的班级学习不同难度的知识，以使学生的潜力获得充分发挥。

小学毕业时，学生必须参加小学离校考试（Primary School Leaving Examination，PSLE），简称"小六会考"，考试科目包含英语、数学、科学和母语四门课。根据PSLE考试成绩，学生进入中学后将学习不同的课程。因此，对华族学生而言，中文学习对其升学接受高质量教育具有重要的影响。强调母语的重要性和价值，不仅促使学生重视母语学习，而且有助于学生保持和传承祖籍文化。母语学习的刚性要求，可以加强学生对族裔文化身份的认同，培养他们的文化自信心。中学阶段也有一次重要的分流。普通中学快捷班的学生在完成四年的中学课程以后可直接参加"O"水准考试（Singapore – Cambridge General Certificate of Education

Ordinary Level Examination）。而普通中学普通班的学生还需在第四年课程结束后额外参加"N"水准考试（General Certificate of Education Normal Level Examination）；成绩优良者可以继续中学第五年的教育，然后与中学快捷班的学生一同参加"O"水准考试；次者可以选择进入理工学院预备班；再次者则转到工艺教育学院。在所有参加"O"水准考试的学生中，只有少部分学生可以进入高中或初级学院进行学习，其余学生则分流至理工学院。

从办学性质上来讲，新加坡的中小学主要分为政府学校、政府辅助学校和私立学校。其中，政府学校指由教育部直接管理，课程和大纲由教育部制定，办学经费也全部来自政府（通常包括人事费、设备费和发展费等），校属财产也都归政府所有。政府中小学是当地数量最多的主流学校，一般开设在居民区附近，满足适龄学生的教育需求。政府辅助学校是由政府资助但由私人或宗教组织管理的学校，也提供全面的教育课程。据2022年4月统计，该国教育部共注册小学185所、中学152所；其中政府小学139所，政府中学105所，政府辅助小学46所，政府辅助中学31所；华文小学183所，华文中学143所；政府华文小学138所，政府华文中学103所；政府辅助华文小学45所，政府辅助华文中学31所。[①] 由此可见，绝大部分的政府中小学提供中文课程教学。

在精英教育和个性化教学理念的共同影响下，政府推出了几项特殊的教育计划，开办了不同类型的学校，以助力教育高质量发展，也为人才储备提供源源不断的保障。1978年，新加坡教

[①] 资料来源于新加坡教育部网站，https：//www.moe.gov.sg/schoolfinder。

育部在当地9所基础良好的华校推行了"特别辅助计划"（Special Assistance Plan，SAP），主要面向学习成绩优异，且精通母语和英语的学生，为其提供双语并重的教育，让学生感受中华文化的熏陶，同时提升其英语水平。政府为这些学校配备语音实验室、电脑室、图书馆等当时比较先进的教学手段，选拔配置综合素质高且经验丰富的教师。但是学生选拔门槛也比较高，一般来说，只有在PSLE考试中排名前8%的华校生和中文作为第二语文的英校生才能进入华文特选学校，他们肩负着成长为该国双语精英人才和传承华族文化的使命。这些学生秉承了华人勤奋刻苦的传统，重视强化训练和补习，通常在完成本校正式课程后，还进入英校学习或接受附加的英语训练课程。

尽管这一计划的初衷是高站位、谋长远的，但在发展过程中经历了曲折，毕竟一项新举措的落地需要社会共识与民众配合。通常家庭和家长对子女就读学校的选择是极为审慎的，即便新加坡教育部宣布特选中学配备优质的师资力量和教学设施、采取小班教学，但还是无法打消家长的顾虑：担心子女的双语修读会加重学习负担，影响其他科目的成绩等。故而在该计划实施的前5年，就读人数逐年减少。1983年放榜的"O"水准会考成绩是"特别辅助计划"的发展转折点，9所特选学校毕业考试三科过关率高达94%，这在很大程度上扭转了家长态度，也促进了社会共识的转向，走入特选中学的学生人数开始逐年递增，这也铸就了新加坡双语教育和中文赓续绵延的典范。时任国家总理吴作栋总结分析了该计划成功实施的原因：校长和教师具有高尚的奉献和协作精神，在明确目标的指引下勤劳苦干；传统华校校风淳朴，师生具有良好的纪律性，能在逆境中努力克服困难；逐年提升的成绩慢慢消除了家长的顾虑，逐渐获得广泛的社会信任。①

特选学校的社会影响力和知名度不断得到拓展和加强，数量上也有所增加，2000 年南华中学加入，2012 年南侨中学也成为增量，形成了现在的 11 所特选中学的规模，即圣公会中学（Anglican High School）、公教中学（Catholic High School）、圣尼各拉女校（CHIJ Saint Nicholas Girls' School）、中正中学（总校）[Chung Cheng High School（Main）]、德明政府中学（Dunman High School）、华侨中学（Hwa Chong Institution）、海星中学（Maris Stella High School）、南侨中学（Nan Chiau High School）、南华中学（Nan Hua High School）、南洋女子中学校（Nanyang Girls' High School）、立化中学（River Valley High School）。

其中，华侨中学（Hwa Chong Institution）由陈嘉庚先生于 1919 年 3 月 21 日创立，至今已有百年的历史，已成为新加坡顶尖的中学之一。华侨中学是一所六年学制的学校，设置有四年制的初中和两年制的高中，为 12~18 岁的学生提供教育，在校生大多数来自华人背景家庭。该国独立之后，华侨中学开始转型，采用英语教学，但依然保持了比较浓厚的中文背景和中华传统文化。1996 年起，该校陆续开始在中国的无锡、北京、上海等地招生，吸纳中国留学生到学校读书。2005 年，华侨初级学院与华侨中学合并，华侨中学高中部得以成立，提供六年制新加坡—剑桥普通教育证书高级水准直通车课程，使学生能够接受 6 年完整的中学教育，不必在 4 年之后再参加"O"水准会考。发展至今，该校师生恪守"扎根传统、继往开来"的使命，刻苦学习，

---

① 李光耀：《李光耀回忆录》，译林出版社，2021，第 85 页。

取得了优异成绩。该校大部分学生不仅能顺利升入国内外知名大学继续深造，还有数十位优秀毕业生获得了总统奖学金支持学业。此外，该校诞生了多位有名的校友，新加坡首任民选总统王鼎昌、中国第十届全国政协副主席罗豪才都是华侨中学的著名校友。

特选学校政策同样适用于小学阶段，1989年时任国家总统陈庆炎于国会提出"保留传统、从小开始"的主张，以此强化学生核心价值观的培养和传承。次年增选特选小学，从原有的4所增至10所，1991年又增至15所，分别是：爱同学校（Ai Tong School）、宏文学校（Hong Wen School）、圣婴小学（Holy Innocents' Primary School）、菩提学校（Maha Bodhi School）、南华小学（Nan Hua Primary School）、南洋小学（Nanyang Primary School）、万慈学校（Red Swastika School）、圣尼格拉女校（小学部）［CHIJ St. Nicholas Girls' School（Primary）］、道南学校（Tao Nan School）、公立培群学校（Pei Chun Public School）、培华长老会小学（Pei Hwa Presbyterian Primary）、海星中学（附小）［Maris Stella High School（Primary）］、公教中学（附小）［Catholic High School（Primary）］、光华学校（Kong Hwa School）、培青学校（Poi Ching School）。

这些特选学校的校长均具有中文教育背景，校园内洋溢着浓郁的华族文化，为学生营造了传承华校精神和价值观的外部环境。政府通过设立特选学校，让学生除了英语之外可使用中文为第一语文，其主要目标是实践与传递华族核心价值观，保留华校的优良传统并为学生的中文水平打下良好基础。在实施过程中，也不断遇到问题，如学生入学时的中文能力和家庭语言背景不尽相同,统一的教学计划推行起来有难度。特选学校持续优化调整实践路径以保证政策的有效贯彻,如设立预科班,调整中文和英语的教学时间比重,为学生设立一个适应期和缓冲带,确保后续教学安排的有序推进。

3. 大学

在国际中文教育的各层次中,高校中文教育承担着培养专业型和精英型中文人才的重任。在新加坡公立大学中,新加坡国立大学(National University of Singapore)、南洋理工大学(Nanyang Technological University)、新加坡新跃社科大学(Singapore University of Social Sciences)开设中文及相关专业,包含了"本—硕—博"全层次人才培养体系(见表2-1)。

表2-1 新加坡高校中文及相关专业情况

高校名称	院系	培养专业及层次		
		本科	硕士	博士
新加坡国立大学	文学暨社会科学院中文系	汉学	文学研究	哲学研究
		汉语	中华文化与语言	—
		—	汉学	—
		—	汉语语言学	—
南洋理工大学	人文学院	中文	中文文学	中文哲学
	国立教育学院	—	国际汉语教学	—
新加坡新跃社科大学	中华学术中心	—	学前华文教育	—

新加坡国立大学中文系的前身是新加坡大学文学暨社会科学院的中文系和南洋大学文学院的中国语言文学系[①],目前提供包

---

① 资料来源于 National University of Singapore, Department of Chinese Studies-Chinese, https://fass.nus.edu.sg/cs-chinese/overview。

括本、硕、博全层次的课程。本科生课程方面，该系为学生提供"汉学"与"汉语"两个主修专业。为助力学生基础知识和前沿技能的双向发展，该系开设了丰富多样的课程，涵盖汉语语言学、中国文学、中国历史、中国哲学及翻译等。硕士学位分学术研究和课程修读两种，前者的学生在修完规定的课程学分后还需要进行研究并撰写论文。博士学位研究生以研究为主，同时需要修满规定学分。该系注重科研成果孵化和推广，目前推出了《学术论文集刊》、国际性学报《学丛》，联合出版社推出了《东南亚华人研究丛书》，并与商务印书馆（香港）合作出版双语论文专集《汉学论丛》。

新加坡南洋理工大学人文学院中文系以中文授课为主，致力于为学生提供全方位的课程学习与能力训练，培养双语跨文化人才。[①] 该系提供的主修课程包括中华文学与文化、中国历史与思想、语言学与汉语语言、华人研究四大类别，还有翻译与华文创意写作两个特色辅修课程。不仅为学生提供基础知识讲授，同时注重加深和拓展学生对中文、现代中国和东南亚华侨的理解与认识。国立教育学院（National Institute of Education，NIE）是南洋理工大学的一个自主学院，也是该国的国家教师教育学院，旨在培养教师以及提供教师专业和学校领导力发展课程。[②] 目前NIE提供的国际汉语教学硕士课程，主要包括语言教学理论、中文教学技能、信息化中文教学实践、教材分析和

[①] 资料来源于南洋理工大学文学院中文系，https://www.ntu.edu.sg/soh/about-us/chinese/cn/chinese。

[②] 资料来源于 Nanyang Technological University，National Institute of Education（NIE），https://www.ntu.edu.sg/education/graduate-programme/master-of-arts-(teaching-chinese-as-an-international-language)#curriculum。

语言测试等。

新加坡新跃社科大学下设的中华学术中心成立于 2012 年 1 月，旨在通过研究、出版、文化或学术活动以及相关课程来提升社会大众对中华语言、文化及社会的认识与理解。[①] 该中心密切关注华人世界的发展现状及趋势，为学校提供中文相关课程在教学改革及学术活动方面的建议。在课程方面，中心于 2017 年与北京师范大学学前教育研究所联合开办学前教育方向的教育硕士专业学位课程，旨在提升学生在学前教育领域的学术研究能力、实践能力，同时致力于在师资培训、教材编写和研究等方面为学前中文教育事业做出贡献。

除以上提供学历教育的学院外，新加坡南洋理工大学孔子学院（简称南大孔院）也为当地中文教育质量提升和中华文化传承发展发挥了积极的作用。南大孔院成立于 2005 年 7 月，协作单位为中国国际中文教育基金会与山东大学，是当地仅有的一所孔子学院。作为第一批建设的海外孔子学院之一，南大孔院在中文教学资源建设的丰富性和多样性上一直保持优势，推出了一系列高质量的语言与文化课程；深化与中方各机构的合作，精心开展品牌文化活动，不断增强影响力和吸引力，被授予"全球先进孔子学院"称号。

自成立以来，南大孔院不断扩大语言教学规模，加强教师、教材和教学法建设，开设的课程包括学生课程、成人课程、文化

---

① 资料来源于 Centre for Chinese Studies, Singapore University of Social Sciences, https://www.suss.edu.sg/about-suss/centres/centre-for-chinese-studies/about-us? utm_ source=suss_ website&utm_ medium=ccs_ landing & utm_ campaign=ccs_ main_ btn&utm_ content=learn_ more。

项目课程和量身定制课程。"状元学堂"专为新加坡学前及中小学生提供母语强化及辅助课程，激发学生对中文学习的兴趣，并向学生传递优良的华族文化与价值观。成人课程是专为非华族成人、外派人员及对中文、中华文化感兴趣的学员所设计和开设的。其中，"汉语国际教育专业文凭"课程已培训了近千名学员，这些学员在当地的非政府学校担任中文教师，为双语教育事业做出贡献。伴随中国和新加坡两国商务往来日益频繁，南大孔院开设的商务翻译及口译专业文凭、财务与会计汉语、商务中文等课程，为当地培育了一批批跨文化商业和金融人才。文化项目课程为学员提供涵盖书法、国画、戏曲、乐器以及健康与保健领域的中国文化课程，包括认识中医、中医养生保健、声乐与嗓音保健、水墨画、华乐器考级、太极拳等，这些特色课程均由当地有影响力的中医师、教授、书法家、艺术家、教练等担任教师。

南大孔院重视教育教学成果的转化和市场推广，在开设课程积累经验的同时，配套开发出版教材和丛书，并积极向周边地区乃至全世界推广。学前华文教材《状元学堂·亲亲华文》被该国约400所幼儿园或学前中心使用，为当地幼儿学习中文提供了重要的教学资源。《商务中文》教材收录真实的商务语料，自2011年出版以来经过数次修订，与国际认知标准的商务汉语考试教程融合，为水平各异的学员提供完整、专业的学习材料。2016年以来，南大孔院将"南洋理工大学孔子学院学术丛书"范畴从汉语国际教育专业扩大到更广阔的领域，将中国先秦儒学、中医、中国古代文学、中国哲学、新加坡美术史等主题课程或学术研究的成果编纂成册。这些优质教材和丛书不仅让当地民众受益，也惠及国外的读者，其影响力辐射到周边东南亚地区。

南大孔院借助世界顶尖大学南洋理工大学的品牌优势，汇聚了一大批十分优秀的教师队伍，共同为当地民众提供高质量的语言教学服务。南大孔院与山东大学合作开设汉语教学教育专业文凭课程，山东大学每年选派教师到南大孔院讲授"国际汉语教学理论与实践"课程和"教育心理学"课程，帮助学员掌握中文教学的理论、语言习得规律和学生心理特点，提升学员的教学技能和专业素养。与此同时，南大孔院也积极举办高质量的学术研讨和高端论坛，推动中文学术交流和前沿问题探讨，不断提升其在中文教育领域的知名度和影响力。目前已经举办的研究性活动包括华文教学高端座谈会、全球化时代中华语言与文化的传播研讨会、第七届东亚学者现代中文文学国际研讨会、第十一届亚太地区国际汉语教学学会年会等。南大孔院为公众提供高质量的公益课程，与新加坡国家图书馆局合作，持续定期主办以"中国语言、文学、历史和哲学"为主题的公开学术讲座，推动中文、中华文化、中国研究在新加坡及周边地区的发展。

（二）教辅机构

在新加坡，教辅市场发展较为成熟，有相应的社会需求。部分学习者从学前二年级开始参加课外辅导，小学阶段的课外教辅现象最为明显。学生一般每周参加一次中文教辅课程，每次2~3小时。教辅机构的优势是小班制或一对一辅导，根据学生需要定制个性化、针对性的学习内容。此外，教辅机构的教师与家长沟通交流频繁，便于及时了解情况、反映问题、调整内容，这也是教辅机构相比于学校中文教学的优势。当地一家教育机构网站统计了 2021 年新加坡最受欢迎的 25 所中文教辅机构，其基础信息和特色如表 2-2 所示。①

表 2-2　新加坡主要中文教辅机构

序号	机构名称	学段	特色	网址
1	汪老师学园（Wang Learning Centre）	学前、小学、中学	小班教学、多个校址	https://wang.edu.sg/homepage/index
2	百力果丰收园（Berries World）	学前、小学	小班教学、多个校址	https://www.berriesworld.com/
3	天下华文学校（Tien Hsia Language School）	学前、小学、中学	小班教学、仅提供线下教学	https://www.tienhsia.com/
4	格尔悟（EduGrove）	学前、小学、中学	定制化课程、玩中学教学法	https://www.edugrove.com.sg/
5	北京语文学校（Beijing Language School）	学前、小学、中学	假期强化课程、考试复习课程、多个校址	https://beijinglanguage.com.sg/
6	Miss Long Chinese Tuition	小学、中学	个性化学习技术、小班教学	https://www.misslong.sg/
7	Eduz Tuition	小学、中学、初级学院	小班教学、线下和线上教学	https://www.eduztuition.com/
8	Jocelyn Chinese	中学、高等学院	双语教学	https://jocelynchinese.com/
9	Le Zhi Language Centre	学前、小学、中学	定制化课程、假期课程项目	http://www.lezhi.com.sg/
10	Xuelin Learning Hub	学前、小学、中学	假期课程项目、多个校址、小班教学、家长参与	https://www.xuelinlearninghub.com.sg/
11	Han Language Centre	学前、小学、中学	多个校址、小班教学、免费试听课程	https://www.hceg.com.sg/hlc/
12	Axcell Tuition Centre	小学、中学	多个校址、小班教学、定制化课程、在线课程	https://www.wang.edu.sg/

---

① 资料来源于 25 Best Options for Chinese Tuition in Singapore，https://smiletutor.sg/25-best-options-for-chinese-tuition-in-singapore。

续表

序号	机构名称	学段	特色	网址
13	李老师高级华文补习班（Ms Li Higher Chinese Tuition）	中学	1对1辅导、交互式学习技术	https：//www. higherchinesetuition. sg/
14	陈学海无涯（Chen Higher Chinese）	小学、中学、IB	1对1辅导	https：//www. chenhigherchinese. sg
15	Kumon Learning Centre	学前、小学	小班教学、多个校址	https：//kumon. sg/
16	益通华文（Etern Education Centre）	学前、小学	小班教学、线下和线上课程、PSLE强化营	https：//www. eterneducation. com/
17	孔子书院（Confucius Mandarin）	学前、小学、中学、初级学院	小班教学、多个校址、定制课程	https：//www. confucius. edu. sg/
18	Miss SY Wang	中学	个性化学习技术、小班教学	https：//www. chinesedistinctions. sg/
19	Jiang Education Centre	小学、中学	小班制教学、多个校址	https：//jiang. edu. sg/wp 2017/
20	燕仔中文（Yanzi Mandarin）	学前、小学	线下和线上教学、多个校址	https：//www. yanzimandarin. com/
21	语言与传媒学院（School of Language and Communication）	小学、中学、初级学院	小班教学、多个校址	https：//www. slcedu. sg/
22	Connected Learning	小学中学O水平	免费试听课、在线教学、小班教学	https：//connectedlearning. sg/
23	张老师华文补习（Zhang Lao Shi Chinese Tuition）	小学、中学	免费试听课、家庭教学、在线教学	https：//www. happychinesetuition. com/
24	Panda Chinese Language	小学、中学、高中及以上	免费试听课、定制化课程	https：//www. pandachineselanguage. com/
25	Smile Tutor	学前、小学、中学初级学院、IB、IGCSE、成人	导师与学生匹配系统、线上和线下教学	https：//smiletutor. sg/

在众多的中文教辅机构中，有两所学园的中文教育质量高、规模大，受到当地华族家长和学生的青睐。其中，汪老师学园是当地一家非常知名且成立时间较早的中文教辅机构，为幼儿园中班到中学四年级的孩子（5~16岁）提供补习，开设词语班、阅读班、写作班、口语班等。[1] 伴随学园规模的不断扩大，该机构更加重视教师教学能力培养和质量把关，慢慢形成了一套长期而有针对性的教师培训体系。该学园规定新教师入职时都需要1~2个月的系统在岗培训，每周进行一次教学个案分析，及时纠正偏误。强调教师的职业道德和教学策略，要求教师教学要有热情，对孩子要有关爱，教学方法要深入浅出。该学园非常重视语言与文化一体式教学，编写教材时坚持在现代的社会语境下为学生进行讲述，让学生感受语言和生活的紧密联系，在真实的生活语境中学习中文。除中文考试相关的课程外，学园还在寒暑假期间为学生提供许多动手活动类课程，如中国画、书法、剪纸、包饺子等，加强学生与华人生活风俗的接触和认知。

百力果丰收园为学前和小学阶段的学生提供中文课程，课程重点是培养学生学习中文的基础知识能力，同时满足学生的个性化学习需求。[2] 该机构采用混合学习模式，把课堂教学与在线学习相结合。课程内容基于新加坡教育部批准的教学大纲设计，课程结构符合不同年龄和能力学生的学习需求，确保学生获得有趣且富有成效的体验。该机构顺应儿童对技术和游戏的自然倾向，通过互动和有趣的教学方式让学生不断练习。该机构图书馆提供

---

[1] 资料来源于汪老师学园，https：//www.wang.edu.sg/。
[2] 资料来源于 About Berries World of Learning School，https：//www.berriesworld.com/about。

文学作品供学生阅读以拓宽视野。学园的教师都经过该国教育部认证和严格的培训,以确保教学质量。

总体来说,当地的中文教辅机构重视师资和课程质量提升,能够提供针对性的辅导和个性化的教学资源,满足不同学生的学习需求;能对标全国统一的中文课程标准开发教学内容,帮助学生备考,助力学生在分流制考试中取得良好中文成绩。目前教辅机构以线下辅导为主,但线上或线上线下相混合的新型辅导方式的优势也逐渐显现出来并得到学员认可,其在时间和空间上更加灵活,能够整合多模态的学习资源,可借助智能系统跟踪学生学习进度、提供个性化辅导方案等。

(三)社会组织

社会组织在中文教育和中华文化传播上起着非常重要的作用,它们通过提供中文课程,组织文化活动、讲座、研讨会等各种方式推动中文教育和中华文化传播,促进文化交流和理解。

1. 新加坡中国文化中心

秉持优质、普及、友好、合作的宗旨,旨在传播和推广中华文化,促进中新两国人民相互了解、沟通心灵的新加坡中国文化中心,于2015年11月揭牌成立。[1] 该中心常态化、不间断地举办各类交流活动、语言和文化培训、讲座、云课堂等,并与新加坡当地的文化团体进行多方面合作,共同为中华文化传承做贡献。"欢乐春节"和"天涯共此时"两个特色品牌活动,分别在春节和中秋佳节期间推出联欢会、音乐会、相声晚会、画展、读书沙龙等形式多元、内容丰富的文化活动,传递注重亲情、以和

---

[1] 资料来源于新加坡中国文化中心,https://cccsingapore.org/? page_id=982。

为贵、与人为善等中华传统价值观。"中新儿童艺术节"和新加坡"中国儿艺马兰花艺校"通过举办各类儿童剧目展演、展览、专题讲座、戏剧工作坊及中文儿歌创作表演比赛等文化活动，以寓教于乐的方式让更多当地青少年近距离认识并体验中华文化。此外，中心还推出了艺术殿堂、国潮速递、乐享非遗、寻味中国、博物馆说、传统节日、二十四节气、空中课堂等文旅资源，并结合多元化的呈现方式让当地公众得以立体地了解当代中国艺术文化的传承和发展。

新加坡中国文化中心与全球其他34所中国文化中心相比，显著特点是拥有一个中新双方共同组成的理事会，其中新方成员是由新加坡政府推荐的专家，对中华文化和新加坡社会都非常了解，针对华族家长期望孩子从小继承中华文化传统的现实需求，提出加强对新加坡青少年的华族文化熏陶。中心依托"中国儿艺马兰花艺校"举办的古琴、围棋、武术、绘画等多元化培训课程，能较好满足新移民家庭的要求，累计培训学员约1万人次。在运行机制方面，该中心与当地社会组织、华族文化团体密切合作，深入当地社区和学校举办演出和艺术交流活动，不断扩大中心影响力，在实现本土化发展方面具有典范意义。

2. 新加坡华文教研中心

该教研中心由时任总理李显龙先生于2008年9月6日宣布成立，并于2009年11月17日由时任内阁资政李光耀先生开幕。[①] 教研中心的使命是通过以知识与技能为基础、以实践为目的、以研究为延伸的全面性教师培训课程，提升教师的专业能力

---

① 资料来源于新加坡华文教研中心，https://tlcsl.sccl.sg/OrganiserMain.aspx。

和培养面向 21 世纪的研究型教师；着重创新教学与学习策略的研究，致力于在双语环境中推广行之有效的华文教学法。教研中心不仅提供多元的课程和教学资源，在中文创新教学法和学习策略的研究方面也扮演着领航角色。中心研发的"新加坡华文教学资源平台"具备检索字词句语言信息的功能和文本分级功能，向教师提供丰富的线上中文教学资源。教研中心结合实证研究的成果，开发了"华文写作引导系统"等教学平台，借助科技的力量，提升当地华文教与学的水平。出版社还出版面向新加坡学生日常中文用字、词、句频率及使用的三本工具书；为提升儿童阅读热情、培养阅读能力，推出了一系列分级读本及多媒体读本，包括《奇狮妙想》分级读本系列、《新新岛》分级读本系列、《互动彩虹桥》分级读本系列、《小飞鱼》分级读本系列、《小毛虫》分级读本系列及《看动漫学成语》多媒体教学系列。

3. 新加坡华文教育学会

该组织的前身是新加坡华校联合会，成立于 1947 年，最初的会员以华校为单位，以探讨中文教育课题及促进师生福利为主旨。[①] 为顺应该国独立后语言政策转变和时代变迁，该会两次修改章程，从 2012 年起也欢迎从事中文教育的专家学者入会，并正式更名为华文教育学会。如今其主要通过举办各项活动优化中文教学及推动品格教育。该学会与华社自助理事会携手合作，为小学生推出中文增益课程，旨在通过讲故事、诗歌朗诵及表演艺术等趣味活动，提升儿童中文水平，培养他们的品格和自信心。创会初期，该学会

---

① 资料来源于新加坡华文教育学会，https://huawenxuehui.org.sg/%e6%88%91%e4%bc%9a%e7%ae%80%e5%8f%b2。

不仅在学校教育领域发挥作用,为教师争取福利,为学生举办校际比赛,还致力于开展各种社区文教活动,推动民众教育发展。新加坡独立后,该学会参与国家教育政策的讨论,也积极响应各项与中文教学相关的检讨所提的策略,在协助推动新加坡教育改革上发挥了积极作用,给母语教育奠定了良好的基础。[1]

4. 新加坡华文教师总会

为推广中文教育和维护教师福利,一群热爱中文教育的教师于1953年成立新加坡华文教师总会。[2] 该组织成立后,历届理事顺应时代的改变,采取多种具体行动为中文教师争取合理待遇与相关福利,并定期开办各类专业与学历课程、出版专业书刊。该会于1989年加入新加坡全国职工总会,成为其附属工会。[3] 该会与新加坡华文教研中心联合出版教育类半年刊——《华文学刊》,"以探讨华文第二语言之教与学为重要内容,旁及面向华语文教学的语言学、文学、心理学、认知科学和翻译等研究"。[4] 其宗旨是促进中文学者的学术交流、提高中文教师的教学与学术水平和提倡教育专题研究,鼓励教师发表教育研究成果。该刊被收录为中文社会科学引文索引(CSSCI)海外版来源

---

[1] 资料来源于 Speech by Mr Chan Chun Sing, Minister for Education, at the Launch of the three-part video series by Society for Chinese Education Singapore (SCES), https://www.moe.gov.sg/news/speeches/20210926-speech-by-mr-chan-chun-sing-minister-for-education-at-the-launch-of-the-three-part-video-series-by-society-for-chinese-education-singapore。

[2] 资料来源于新加坡华文教师总会,http://sctu1953.org/about/introduction。

[3] 姚培真:《新加坡华文教师总会简介》,《世界汉语教学学会通讯》2010年第3期。

[4] 资料来源于新加坡华文教师总会,https://cssrac.nju.edu.cn/xscb/gatjhwhw/20200524/i82466.html。

期刊，对于推动学术研究和学术交流起到了积极的作用。此外，为配合创会50周年庆典，新加坡华文教师总会于2003年在新加坡主办了"第一届华文教学国际论坛"。之后，每隔两年便会联合中国大陆和港澳台等地的著名学府举办论坛。① 近年来，为配合中文教学改革，新加坡华文教师总会致力于推广阅读活动，在全国中小学、初级学院推广阅读，通过开办读书会培训班及先后两次组织中国台湾读书会考察团，培养了上百位中文教师。

5. 新加坡科思达孔子课堂

2012年4月，新加坡科思达教育集团与当时的中国孔子学院总部（原国家汉办）联合设立科思达孔子课堂，该课堂是新加坡首家孔子课堂。② 相较于其他孔子课堂，科思达孔子课堂更偏重语言和考试，以考试带动中文比赛活动、教师培训、中国传统文化传播等。当前，该孔子课堂承办的中文考试有汉语水平考试（HSK）、中小学生汉语考试（YCT）、"国际中文教师证书"考试等。该孔子课堂通过承办"国际中文教师证书"考试，一定程度上推动了中文教师培训和成长。到目前为止，新加坡是"国际中文教师证书"海外报考人数最多的国家。③ 此外，该孔子课堂与新加坡各界携手合作，进一步推动中文学习的蓬勃发展，以帮助人们更好地理解中华文化。其主要活动包括：常年举办中文教师进修课程及各类中文学习课程，满足人们进修与发展

---

① 资料来源于新加坡华文教师总会，https://tlcsl.sccl.sg/OrganiserMain.aspx。
② 资料来源于新加坡科思达孔子课堂，https://hsk-crestar.com.sg/zh-hans/confucius-classroom-crestar。
③ 中华人民共和国教育部：《学生对中国的印象在变化——新加坡科思达孔子课堂见闻》，http://www.moe.gov.cn/jyb_xwfb/moe_2082/zl_2019n/2019_zl97/202001/t20200102_414254.html。

的需要；定期举办海内外中文教学名家讲坛，分享最新中文教学法与研究成果；组织新中两地短期浸濡活动和各类比赛项目，使中文学习更加丰富多彩。

伴随国际中文教育的发展，社会力量的潜能逐渐显现，优化了传统管理模式，更好地适应了新阶段的发展需求。政府、院校、社会、市场等多元主体的功能与价值得到激发，其相得益彰的成效也逐渐成为助推新加坡中文教育发展的驱动力量。当地的华人社会组织和机构同时熟悉中华文化和当地风土人情，通过精确分析新加坡中文和中华文化受众构成，有针对性地推出了不同主题、形式和内容的活动，能够吸引老中青三代受众的兴趣，收效良好。与此同时，通过积极联络并促成中国和新加坡当地社会团体组织合作，优势互补，在艺术交流、商务合作、文化旅游等多方面发挥有效的促进作用，让新加坡民众多角度、全方位认识中华优秀传统文化和现代中国文化。

二　中文学习者

新加坡人口构成复杂，学习者的家庭背景和社区环境、国家的教育规划和语言政策、社会经济发展状况都对其学习中文的机会、能力和动机等有着重要影响。

（一）家庭环境和移民背景与中文学习

新加坡华人移民历史悠久，华人构成类型多样。目前，当地华人主要存在两个语群，分别是说中文语群和说英语语群。[①] 家

---

① 郭熙：《多元语言文化背景下母语维持的若干问题：新加坡个案》，《语言文字应用》2008年第4期。

庭语言使用对中文保持也发挥着重要作用。家庭在中文传承过程中具有重要的语言"堡垒"作用。有研究表明，使用中文的华人家庭更可能意识到中文学习的重要性，也会更加重视子女的中文学习。① 在华人聚集的社区中，家庭成员的语言使用情况整体上以中文为主、英语为辅，这无疑为中文继承语的保持提供了良好的外部输入环境。② 在听、说、读、写四项基本语言技能上，这些华人整体上听说技能优于读写技能，这主要是因为他们在实际生活中拥有更多口语交际的机会。人的交际网络对语言使用有着重要影响。家庭中"祖父母—父母—子女"构成了纵向关系，夫妻、兄弟姐妹或朋友构成了横向关系。从纵向关系来看，大部分华人在与父母进行交流时使用中文普通话或者方言，但是子女辈中文能力已经出现退化征兆，有部分子女需要以英语为辅助与长辈进行交流。受子女中文水平下降的影响，其父母不得不选择中文和英语双语搭配的交际模式与其沟通。从横向关系来看，使用中文或者优先使用中文进行交际涉及所有关系类型。夫妻、兄弟姐妹、好友之间仍主要使用中文进行日常沟通。在家庭内部，中文依然是具有主导地位的语言，但好友、同事或同学之间使用英语交流的频率逐步增加，英语的重要性逐渐凸显。

在1987年统一源流之前，早期移民的后代学习者有的接受传统华校教育，教学媒介语为中文，有的接受传统英校教育，教学媒介语为英语。20世纪八九十年代迁居该国的"新移民"，他

---

① 张兰仙：《境外华人汉语使用情况调查研究——以缅甸华人为例》，《民族教育研究》2013年第4期。
② 何洪霞、吴应辉：《新加坡华语社区语言使用情况研究》，《民族教育研究》2021年第3期。

们或在中国接受中文教育，或移民该国后接受双语教育，即以英语为教学媒介语，中文作为单科学习。①"新移民"的英语水平高于传统华校生。新移民大多数因升学、就业等原因进入新加坡，在新加坡当地社会的英语环境和工作中，逐步提升了他们的英语能力。传统华校生因经历了该国教育转型时期，较少在当地就读以英语为媒介语的高等学府，英语学习比较零散，因此他们的英语水平反而不如"新移民"。但是，"新移民"内部语言也存在差异。有的"新移民"在中国完成了从小学、中学到大学的所有教育历程，而有的"新移民"只是在中国完成了义务教育的基础阶段，前者的中文更显优势，而后者对中文的信心水平较低。

（二）语言和教育政策环境与中文学习

新加坡双语教育政策经过几十年的变革和发展，对当地华族学生的中文学习产生了深远影响。新加坡人口总数中华人占比最高，但英语是学习其他科目的教学媒介语和校园内学生的主流交际语言。随着英语在学校和社会环境中的普遍流行，各民族语言逐渐衰弱，中文也不例外。中文教育主要是中文综合课程，且中文教学时间有限，仅限于学生听、说、读、写能力的培养，缺乏对学生应用及交际能力培养的环境，已形成英语是第一语言、中文为第二语言的事实。

新加坡教育分流制度历时已久，赓续至今，具有多方面的优势，倡导学生选择适合自己的课程体系，以满足不同层次学

---

① 王君、周敏：《中国新移民对子女教育的期望、挑战与应对策略——来自新加坡的个案研究》，《广西民族大学学报》（哲学社会科学版）2021年第6期。

生的发展需求。分流制有助于精准分配教育资源，有效减少单一教育模式造成的教育资源分配不合理或浪费问题。但是也应看到，分流制在一定程度上增加了学生的学业压力。学生一旦分流，其在学习模式和内容上会受到框架性的约束，特长和潜力挖掘也相应受限。因此，学生在小学阶段的学习竞争压力很大，绝大部分小学生参加课外教辅机构的中文补习课程以提高自己的学习成绩。2020年，该国以试点推行的办法，逐步取消中等教育分流制度，采用"全面科目编班制度"，让学生根据自己的能力、兴趣和学业评估结果，在不同科目中修读不同级别的课程，实现更为精细化的分级学习。目前，该办法在28所试点学校中取得了较好的效果，该国将从2024年开始彻底取消初中阶段分流。①

（三）社会经济环境与中文学习

语言学习一定程度上受到社会地位的影响。在新加坡，人们普遍认为接受英语教育比较有社会地位，这促使部分华人放弃中文选择英语。此外，越来越多的人在购物、参观等公共场所使用英语进行交流，年轻群体使用中文交际的热情有所下降。丰富的课外教学相关读物是提高中文内部驱动力、帮助其巩固中文知识的重要途径。但是，现有与中华文化相关的书籍、报刊、电视和动画等资源对当地华族学生的吸引力不足。此外，多数学生认为只要达到会使用中文进行交流的水平即可，没必要花费大量时间和精力专门学习。因此，学习积极性不高，也在某种程度上造成

---

① 翟涛、冯永刚、王永丽：《从分流制度到科目编班的演变——新加坡基础教育学制分析》，《基础教育参考》2023年第7期。

中文教育事业的发展产生阻滞。

随着中国的崛起和发展，新加坡对中英双语人才的需求不断提升。近年来，中新间的商业合作呈逐渐增多和加强的趋势，新加坡政府实施了一系列的语言教育政策以鼓励学生学习中文。时任教育部部长王乙康曾强调，学好中文已经成为一项重要的经济技能。为此，新加坡教育部还计划将语言学习纳入"技能创前程"计划，开设更多中文等母语相关课程，让母语学习更加系统化。在此背景下，越来越多的家长也意识到学习中文的重要性，鼓励孩子学习并熟练掌握中文，以抓住经济发展带来的机遇。

总体来说，新加坡的中文学习者整体呈现受外部动机驱动的特征。学习动机是学生学习的动力，会间接地影响语言的学习成果。目前该国中文学习的动机多来自学校要求、分流考试和父母要求等外部动机，而学习者自身的内部动机较低，这在一定程度上影响了学生中文学习的积极性和主动性。

第二节　中文教师及其职业发展

新加坡教育质量享誉世界，缘由之一是高度重视高水平教师队伍的培养。中文教师培养既具有共性，又具个性特质。为打造高水平中文师资队伍，新加坡教育部制定了一系列的政策指导和实践措施，重视对中文教师的培训和支持，为该国中文教师提供多样化的发展途径和学习机会，提升他们的教学水平和专业能力，从而保障中文教学质量。

一 中小学教师培养

(一)面向21世纪的教师专业发展目标

新加坡素有重视教师教育的传统。20世纪80年代至今,新加坡教师专业发展经历了从关注工作效率、教学能力到强调价值导向的阶段性转变。[①] 2008年,南洋理工大学国立教育学院发布了《21世纪教师教育模型》战略报告,搭建了价值观、技能和知识的框架(value, skill and knowledge framework,V^3SK Model),指出高素质的教师队伍需要具备"专业实践能力"、"领导力和管理能力"以及"自我效能感"三个方面的综合素养。[②] 其中,价值观分为三个维度,分别是以学生为中心、教师身份认同以及专业和社区服务;知识和技能是基础,强调21世纪教师需要具备的能力包括自我管理、资讯科技使用、社会和兴趣管理、反思和思考技巧等能力,需要具备的知识除了学科内容和教学法外,还需要具备多元文化的素养、环球意识和环保意识等。

(二)准入标准和职前培养

新加坡首先通过提升和完善教师的准入机制,从源头保证未来教师的质量。绝大多数进入政府中小学校的教师,必须参加由该国教育部统一组织的选拔与招聘,然后进入南洋理工大学国立教育学院进行职前培训,完成相应的课程学习并通过考试获得教师从业资格。但是中小学教师体系并非封闭的体系,其他行业的

[①] 王铄、包华影、刘远霞:《新加坡中小学教师专业发展的策略与模式》,《比较教育研究》2017年第2期。
[②] 王健、孟丹祺:《指向实践智慧生成的师范生教育见实习机制改革思考——来自新加坡V^3SK框架的启示》,《教师教育研究》2023年第2期。

从业者也可以申请成为教师。南洋理工大学国立教育学院是新加坡最主要的负责教师职前培养的机构，每年通过教育文凭项目、研究生学位项目和文/理学士学位项目为该国公立中小学输送优质的教师。教育文凭项目是非学位的两年制项目，拥有理工学院文凭（Polytechnic Diplomas）的准教师以及没有达到学位水平的教师可以申请此类项目的资助。新加坡—剑桥普通教育证书（高级水准）（Singapore-Cambridge General Certificate of Education Advanced Level，GCE A-Level）的拥有者可以获得申请四年制文/理学士学位项目的资助；研究生学位项目则供大学毕业生申请，大学毕业生可以通过该项目将理论应用于实践，并获得教学资格。

各学校在招录过程中也会遵循严格的标准，综合衡量申请者的考试成绩和面试表现。学校在面试环节会对申请者从事教师行业所需的热情、价值观、学习意愿和沟通技巧等进行考察。

（三）教师职业发展路线和专业发展模式

教师职业发展是指教师在教育工作中通过不断学习、提升自身素质和能力，实现个人职业目标和成长的过程。国立教育学院、教育部和公立中小学三方是该国教师职业发展的关键机构，三者在完善教师培训课程、鼓励教师开展教育研究、提供资金助力教师发展等多方面紧密合作，共同担负起培养21世纪教师的职责。

为了充分发挥教师专长，促进教师教学水平提升、职业素养发展，增强教师的职业满足感和幸福感，新加坡教育部为教师提供了3种不同的职业发展路线（见图2-2），为渴望进一步发展教学能力的教师提供专业发展和提升的机会。[①] 其中，领导路线为教师提供成长为学校和教育部门领导的机会，参与教育政策制定和教育规划等工作；高级专家路线适用于研究型教师，其致力于运用科学的方法和复杂的知识在教学理论、原理和技巧方面不断地探索。

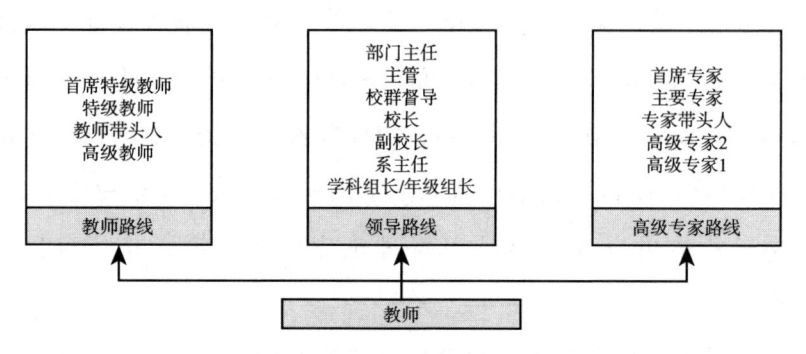

教师路线	领导路线	高级专家路线
首席特级教师 特级教师 教师带头人 高级教师	部门主任 主管 校群督导 校长 副校长 系主任 学科组长/年级组长	首席专家 主要专家 专家带头人 高级专家2 高级专家1

教师

图 2-2　中小学教师职业发展路线

目前新加坡中小学教师的在职培训以实践取向为主，为教师提供基于工作环境、官方机构和自主设计 3 种主要的发展模式。尽管通过了教师教育项目，新入职教师仍要继续在实践教学中逐步提高自己的综合技能。为了帮助新入职教师更好地适应教学工作，学校会安排经验丰富的指导教师对其进行为期两年的辅导和训练。新加坡教育部也专门启动"熟练教学和强化指导项目"（Skillful Teaching and Enhanced Mentoring，STEM），为教师提供 3 种导师角色，分别是导师协调者、导师和专项导师。导师协调者通常由学校的部门领导或高级教师担任，负责领导工作和服务支持工作；导师通常由高级教师担任，负责新教师教学技能指导

---

① 王铄、包华影、刘远霞：《新加坡中小学教师专业发展的策略与模式》，《比较教育研究》2017 年第 32 期。

和培养；专项导师负责新教师特定知识和技能的发展。

教师也可以参与专业学习共同体继续进行持续学习。专业学习共同体强调具有共同学习目标和兴趣的教师组成学习集体，展开多样化的、自主化的合作以达到促进学习的目的。它不只面向新教师，也面向所有在职教师开放。教师通常以4~8人小组会议的形式展开讨论，既可以在同学校教师间开展面对面讨论，也可以借助网络平台实现跨学校、跨地区的教师在线合作讨论。[①]这种形式不仅有助于增进教师对学校课程设计和评估等问题的理解和实践能力，改善教学效果，还能有效提升教师的自信心和自主性，增强教师的归属感和职业信念。为了提高教师专业学习共同体的效率效果，新加坡教育部专门制作和发布了《专业学习社区启动工具包》手册，帮助教师了解共同体中个人的职责以及开展行动研究的方法、步骤和工具。

国立教育学院和新加坡教师学院等官方认证的教师教育机构也为教师发展提供培训课程和工作坊等。培训课程主要包括教学内容、课程开发、教学方法、教学评价等方面。国立教育学院下设新加坡汉语中心，为中文教师提供丰富的教师专业发展项目，包括正式活动（如校本研究方法工作坊、关注学科内容和教学方法的课程和研讨会、会议、座谈会）和专业发展研讨活动（如行动研究、合作反思性讨论）。

除了上述两种制度化的教师专业发展模式外，教师也可以自主设计专业发展途径，选择适合自己的专业素养提升活动。新加

[①] 郑鑫、张文华：《新加坡教师专业学习共同体：政策、理念与实施》，《外国中小学教育》2015年第8期。

坡教育部规定中小学在职教师每年必须参加不少于100小时的培训，教师可根据个人需要与兴趣自由选择与自身专业相关的培训课程。[①] 教师还可以申请从事其他岗位的职责，到其他学校开展调研，或者去工商企业从事兼职工作，从而增强其教学实践能力及开阔视野。[②]

除提供丰富的培训课程外，政府还通过带薪休假和资金支持等方式进一步增强教师的专业发展动力。新加坡教育部发布了《教师个人专业发展进修假期》计划，规定服务满12年以上的教师，可以享有10周的带薪进修假期；每位在职教师每年可获得教育部300新元培训津贴；设立"杰出学前母语教师奖""全国模范华文教师奖"等奖项，以表彰为中文教育做出突出贡献的教师，并激励更多的教师进行教学创新。

二　学前教师培养

学前教育是支持学生未来学习能力发展的重要基础性教育，学前教师的专业发展是学前教育质量保障的前提。2000年以来，新加坡政府逐渐意识到专业幼儿教师的知识和技能对学前教育发展的重要性，逐步开展幼儿教师的质量把控和提升工作。

学前教育资质评审委员会（Pre-school Qualification Accreditation Committee，PQAC）于2001年成立，负责对学前教育教师培训证书和教学文凭进行评估和授权。PQAC对幼儿教师提出了详细

---

① 余可华：《新加坡华文教师教育及其启示》，《云南师范大学学报》（对外汉语教学与研究版）2017年第5期。
② 王铄、包华影、刘远霞：《新加坡中小学教师专业发展的策略与模式》，《比较教育研究》2017年第2期。

且严格的要求，规定从2006年1月开始，该国所有的幼儿教师必须持有教师资格证书，并且需要在学前教育领域至少有两年的实习经验。[1] 同年，该国教育部（MOE）和社会发展、青年及体育部（MCYS）构建了一套面向幼儿教师师资培训的理论框架，对各个层次幼儿教师的能力和水平提出了新的要求，对各个层次教师的培训课程、内容、要求等方面做出规定。之后，这两个部门于2008年3月发表了有关改善该国学前教育素质的声明，规定所有于2009年1月1日或之后加入幼儿教育事业的中文教师必须符合以下标准：5个不同科目的"O"水准考试学分（英语为必修课）、通过HSK 6级笔试（最低成绩为180分，3个部分均不低于60分）和高级口试，以及幼儿保育与教育文凭（Diploma in Early Childhood Care and Education，DECCE）。[2]

教师入职后，还需要通过所在学校向新加坡幼儿培育署（ECDA）申请学前教学资格证（Diploma of Preschool Teaching，DPT）。ECDA根据教师的资历判定L1或L2教学资格。获得L1级别的教师只能教3岁以下班级（Pre-Nursery和Nursery），获得L2级别的教师可以教所有年龄段的幼儿，包括Pre-Nursery、Nursery、K1和K2。在ECDA的严格监管下，托儿所中文教师都持有教师资格证。其中，持L2级别证书的教师占85%，持L1级别证书的教师占15%。持L1级别证书的教师所教授班级有限，薪水也低于持L2级别证书的教师。由于政府为教师参加培

---

[1] 史大胜、楚琳：《新加坡幼儿园教师专业化发展准则与规划研究》，《外国教育研究》2015年第9期。
[2] 岑良水：《新加坡新世纪学校华文教学情况调查与分析》，华侨大学硕士学位论文，2019，第17页。

训提供了充裕的培训经费，教师们会通过托儿所报销费用或自费进修学历的途径，为自己取得 L2 级别的证书，这一举措有效促进了私立托儿所中文教师的专业发展。

为了激发幼儿教师的培训热情，政府为此项活动投入了大量资金，极大地提高了幼儿教师的参训热情，幼儿园同时也可与受训教师签订 2~3 年的工作协议，以此来增加师资的稳定性。但由于各种因素，私立托儿所中文教师的专业发展仍受到多方限制。有研究对私立托儿所教师的结构分布进行了调查，发现性别分布上，幼儿教师多是女性，男性幼师数量严重不足；年龄结构上，18~24 岁年轻教师占 20%，25~34 岁占 35%，35~44 岁占 35%，45 岁及以上占 10%。[1] 由此可见，45 岁以下青年教师占比较高，青年教师易于接受新思想和新观念，知识结构更新也比较快。但是教学经验在 5 年以下的教师占比在 75% 左右，对专业发展需求较多。此外，私立托儿所中文教师中，75% 的教师是幼儿保育与教育文凭，20% 的教师是本科学历，拥有更高学历的教师稀缺。私立托儿所中文教师获得最高学历的三个主要途径分别是：全日制学习、业余学历进修、脱产进修。其中，全日制学习的教师占 60%，这种途径能够学到更多的知识、掌握更多的技能，增强自身能力，有效促进教师专业发展；业余学历进修的教师占 30%，但是这种方式在理论知识上的学习欠缺，专业水平与学历不相匹配；脱产进修的教师仅占 10%，一旦脱产进修就意味着失去工作，所以教师更青睐于全日制学习。

---

[1] 陈巧芳：《新加坡私立托儿所华文教师专业发展途径调查研究》，华侨大学硕士学位论文，2019，第 20 页。

综上所述，新加坡历来重视中文教师的培养，当前该国中文教师的培养以本土师资培养为主，教师的培训也主要由本土的教育机构与教研机构牵头。新加坡教育部、南洋理工大学国立教育学院以及各类社会组织和相关学校都为中文教师的培养与发展提供了良好的机会和途径。该国的教师发展模式能够较好地保证师资的质量和可持续发展，帮助新入职教师顺利地实现从学校学习向课堂教学的角色转变；该国政策从制度、资金、技术、精神鼓励等方面为保障中文教师的成长提供了有力的支持，提供多样化、个性化、国际化的培训课程。

第三节 中文教材与教学资源

教材是语言教学的重要载体，海外中文教材更是中文学习者主要的知识来源，在中文教学中占据着重要地位。新加坡的中文教材和教学资源水平较高，注重实用性和文化传承，结合新科技手段提供丰富多样的教学资源，为学生提供良好的学习环境和条件。新加坡的中文教学标准和教学资源，对其周边国家的中文教学有着较大的影响。

一 中文教学标准与教材

（一）中文教学标准

教学标准对教材编写起着指导性、规范性和促进性作用，有助于提高教学效果，促进教学改革和发展。该国中文教学标准和教材开发采用自上而下的垂直发展模式，呈现"政策指导文件—课程标准—教材编写"三方联动的特征。自1979年起，该国中文教育历经五次较大规模的改革讨论并形成报告（见表2-3）。在报告编写理念的影响下，该国教育部定期邀请海内外专家对中文课程标准进行系统化的研制，约每10年进行一次大规模的更新，从教学目标和内容、选材原则和教学方法、教育技术融入等多个方面进行规划和引导，成为新教材开发的主要依据。

表 2-3 新加坡中文教育检讨报告及教材编写理念

年份	领导者	报告书名称	主要编写理念
1979	吴庆瑞	《吴庆瑞教育报告书》	民族文化
1992	王鼎昌	《华文教学检讨委员会报告书》	民族文化
1999	李显龙	《李显龙政策声明》	多元文化与价值观
2004	黄庆新	《华文课程与教学法检讨委员会报告书》	实用的语言
2010	何品	《母语检讨委员会乐学善用报告书》	乐学善用

新加坡中文教学标准产生较早，据统计，目前中文教学标准已覆盖从学前教育到中学教育各阶段（见表2-4）。

表 2-4 新加坡历年各学段中文教学标准

名称	年份	适用阶段
《培育幼儿：学前母语课程框架》	2013	幼儿
《培育幼儿：学前华文教学指南》	2015	
《培育幼儿：新加坡学前课程框架》	2022	
《学前语言能力教学指南》	2023	
《学前华文教学指南》	2023	
《小学华文课程纲要》	1979	小学
《小学华文课程标准》	1993	
《小学华文课程标准》	2002	
《小学华文课程标准》	2007	
《小学华文课程标准》	2015	
《小学华文课程标准》	2024	

续表

名称	年份	适用阶段
《华文中学华文课程标准》	1959	中学
《中学华文第二语文课程标准》	1969	
《华文(第二语文)课程标准》	1974	
《中学课程纲要——华文》	1983	
《中学华文课程标准》	1993	
《中学华文课程标准》	2002	
《中学华文课程标准》	2011	
《中学华文文学课程标准》	2013	
《中学华文文学课程标准》	2019	
《中学母语课程标准》	2021	
《中学华文课程标准》	2021	

为提高学前母语教学质量，新加坡教育部于2013年提出了《培育幼儿：学前母语课程框架》，从母语教育愿景、宗旨、学习目标和指导原则等方面为教师设计和开展有效的母语教学活动提供指导与协助。该课程框架指出，学前阶段是幼儿语言尤其是口语技能发展的关键时期，学前母语教学应着重为幼儿创设合理的口语互动环境，鼓励幼儿在日常生活中用中文与家人、朋友及社区成员交流。随后，2015年颁布的《培育幼儿：学前华文教学指南》进一步指出中文教学目的在于"培育幼儿能够对学习华文感兴趣"、"掌握基础语言能力"和"对本地文化有初步认识"。2022年，新加坡教育部更新了《培育幼儿：新加坡学前课程框架》，突出强调"价值观、社交与情绪管理技能及学习品质"的重要性。在此课程框架的指导下，进一步推出了《学前语言能力教学指

南》和《学前华文教学指南》。前者概括说明新加坡的双语政策、学习英语与母语的宗旨与目标、学习语言的策略、学习环境的布置，以及观察与评价；后者为学前中文教师指明教学的方向，引导教师采用符合幼儿学习特点和规律的教学方法，帮助幼儿达成学前中文的学习目标。[①] 在学前教育阶段，新加坡教育部仅颁布标准性文件，不指定教材使用。

从1993年至2024年，该国共发布了五套《小学华文课程标准》，以配合社会环境和教育理念的变化（见表2-5）。2024版《小学华文课程标准》指出该国小学中文课程的学生培养宗旨体现在以下三个方面："热爱华文，即亲近并喜爱华文，有信心并正确地使用华文进行表达与交流；传承文化，即了解并继承华族文化、新加坡本土文化及传统价值观，增强文化认同感；面向未来，即掌握核心知识和技能并不断学习和更新，以做好准备面对未来的挑战。"[②]

表2-5 新加坡小学中文教学标准总目标演变

年份	文件名	总目标
1993	《小学华文课程标准》	一是通过教导听、说、读、写四种语言技能，发展学生的中文能力；二是向学生灌输有利于建国工作的亚洲文化与优良的传统价值观
2002	《小学华文课程标准》	一是华文在交际、认知、思维三方面的功能；二是针对传统文化与价值观的指导

[①] 《新加坡学前课程框架》，新加坡教育部网站，https：//www.nel.moe.edu.sg/qql/slot/u143/2022/EG2022/Nurturing%20Early%20Learners%202022%20Educators%20Guide%20Language%20and%20Literacy%20Chinese%20Language_new.pdf。

[②] 《小学华文课程标准》，新加坡教育部网站，https：//www.moe.gov.sg/-/media/files/primary/cl-syllabus-pri-2024.pdf。

续表

年份	文件名	总目标
2007	《小学华文课程标准》	以"理想教育成果"为宗旨,以"核心技能与价值观"为基础,兼顾国民教育、思维能力、资讯科技、社交技能与情绪管理的学习等方面,包括培养语言能力、提高人文素养、培养通用能力
2015	《小学华文课程标准》	以"理想的教育成果"为宗旨,以"21世纪技能框架"为基础,以2010年母语课程检讨委员会提出的母语教学三大目的为参考,兼顾国民教育、社交技能与情绪管理的学习,科技教育总蓝图等教育方针,具体包括培养语言能力、人文素养和通用能力
2024	《小学华文课程标准》	以"理想的教育成果"为宗旨,以"21世纪技能框架和教育成果"为基础,以母语教学三大目的为参照,兼顾"新加坡课堂教学实践要领"和"资讯通信科技教育总蓝图"等教育方针,从语言能力、人文素养和通用能力三个方面制定课程总目标

中小学教材以"理想的教育成果"为宗旨,以"21世纪技能框架"为基础,以2010年母语课程检讨委员会提出的母语教学三大目的为参照,兼顾国民教育、社交技能与情绪管理的学习,科技教育总蓝图等教育方针,从语言能力、人文素养和通用能力三个方面制定课程总目标[1],具体见表2-6。其中,语言能力是学生使用中文进行交际的核心能力,包括聆听、说话、阅读、写作、口语互动和书面互动六个范畴;人文素养是学生应发展的重要素质;通用能力是学生获取知识、建构知识和应用知识,以及分析、解决问题的基本能力。

---

[1] 张洁、彭恒利:《我国"民族中小学汉语课程标准"与新加坡"小学华文课程标准"的比较研究》,《云南师范大学学报》(对外汉语教学与研究版)2015年第4期。

表 2-6 中小学中文教育分项目标

学段	语言能力	人文素养	通用能力
小学	·话语/材料类型 ·方法与习惯 ·态度与情感 ·知识与技能	·价值观 ·华族文化 ·新加坡本土文化 ·跨文化	·思维能力 ·学习能力 ·社交与情绪管理能力 ·资讯科技运用技能
中学	·态度与情感 ·知识与技能	·价值观和态度 ·华族文化 ·社会知识 ·关爱意识 ·环球意识 ·审美情趣	·思维能力 ·自学能力 ·社交技能与情绪管理能力 ·资讯科技运用技能 ·跨文化沟通技能

标准根据学生的能力设定了中小学各阶段的中文教学目标，在具体的教学过程中，针对不同学生的水平，设置不同难度的知识点和课程学习进度。例如，2024年的《小学华文课程标准》①依照学生的学习能力在小学设置了不同的平行课程架构，包括华文（1~6年级）、高级华文（1~6年级）和基础华文（5~6年级）。语言能力中等的学生修读华文课程，语言能力较强的学生修读高级华文课程，语言能力较弱的学生则修读基础华文课程，各课程的教学重点详见表2-7。

表 2-7 小学各课程的学习重点

课程	学习阶段	学习重点
华文	奠基阶段 （小一至小四）	培养基础阅读和写作（写话、写段）能力，着重聆听、说话、口语互动、识字和写字的训练
	定向阶段 （小五至小六）	综合发展各语言技能，着重口语互动、阅读、写作和书面互动的训练

---

① 资料来源于新加坡教育部网站，https：//www.moe.gov.sg/-/media/files/primary/cl-syllabus-pri-2024.pdf。

续表

课程	学习阶段	学习重点
高级华文	奠基阶段（小一至小四）	培养基础阅读和写作（写话、写段）能力，着重聆听、说话、口语互动、识字和写字的训练
	定向阶段（小五至小六）	综合发展各语言技能，着重阅读、写作和书面互动的训练
基础华文	定向阶段（小五至小六）	培养基础阅读和写作（写话、写段）能力，着重聆听、说话和口语互动的训练

根据2021年《中学华文课程标准》[①]，中学课程保持华文（基础）、华文（B）、华文（普通学术）、华文（快捷）和华文（高级）五个类别课程，构成了由低到高的等级体系，以照顾学生家庭语言背景和学生能力的差异，使中文教学更具灵活性。不同课程培育学生能力侧重点也各有差异，详见表2-8。

表2-8 各语言技能在中学中文课程中的安排比例

单位：%

语言技能	华文（基础）	华文（B）	华文（普通学术）	华文（快捷）	华文（高级）
听说	65	50	45	35	25
阅读	25	30	30	35	30
写作	10	20	25	30	45
总计	100	100	100	100	100

（二）中小学阶段教材

在双语政策推动下，新加坡教育部组织编写、面向全国的小学中文教材5套，包括《小学华文实验教材》（1979~1993年）、

[①] 资料来源于新加坡教育部网站，https：//www.moe.gov.sg/secondary/schools-offering-full-sbb/syllabus。

《好儿童华文》(1994~2000年)、《小学华文教材》(2001~2006年)、《小学华文》(2007~2014年)、《欢乐伙伴》(2015年以来)(见表2-9)。① 目前大部分学校采用的《欢乐伙伴》是根据2015年版《小学华文课程标准》编写出版的。

表2-9 小学中文课程标准、理念及教材名称一览

课程标准	主要编写理念	出版社	教材
《小学华文课程纲要》(1979)	民族文化	新加坡教育部课程发展署和教育出版社	《小学华文实验教材》(1979)
《小学华文课程标准》(1993)	民族文化	新加坡教育部课程发展署和教育出版社	《好儿童华文》(1994)
《小学华文课程标准》(2002)	多元文化与价值观	新加坡教育部课程发展署和泛太平洋出版社	《小学华文教材》(2002)
《小学华文课程标准》(2007)	实用的语言	新加坡教育部课程发展司、中国人民教育出版社和新加坡泛太平洋出版社	《小学华文》(2007)
《小学华文课程标准》(2015)	乐学善用	新加坡教育部课程发展司和泛太平洋出版社	《欢乐伙伴》(2015)

《欢乐伙伴》教材首次引入包括"引、学、练、用、评"五个部分的教学流程，吸收二语教学流派成果的精华，整个过程以教师为主导、学生为主体、评估来促进，每个环节的具体要求详见表2-10。②

---

① 彭俊：《新加坡小学华文教材编写理念的变迁研究》，暨南大学硕士学位论文，2019，第3页。
② 彭俊：《新加坡小学华文教材编写理念的变迁研究》，暨南大学硕士学位论文，2019，第40页。

表 2-10 "引、学、练、用、评"教学总流程

教学总流程	具体要求
引	可以从激发学习兴趣、确立学习目标、联系学生的先备知识等方面引起学习动机
学	包括教师的"教"和学生的"学"。教师应根据不同的教学对象和教学内容，采用适当的方法和步骤指导和辅助学生学习；学生应在教师的引导下主动学习，积极探索，发展思维，不断成长
练	学生通过各种练习活动建立信心，巩固学习成果，掌握规律
用	学生把课堂所学运用在生活中，联系实际，内化所学
评	评价贯穿教和学的整个过程，不断检验教与学，促进教与学

中学阶段常用的中文教材包括《汉语教材》《轻松学华文》《轻松学汉语》《快乐汉语》《中学华文》《中学高级华文》《中学快捷华文》等。2021年，新加坡教育部根据《中学母语课程标准》编撰了《华文伴我行》教材，新版教材更加注重文化与文学元素及新闻时事内容，并且尽可能选用本土作品，配套相应的电子资源。[1] 学习是一个持续不断的过程，评价不应只注重学习成果，也应重视学习过程。《中学华文》教材的每个单元末尾附有"单元自我评价"或"自评与反思"，随着年级的升高，其对学生反思和评价能力的要求程度更高，促进学生更深层次认识、反思以及改进自己学习当中存在的问题。

该国中文教材和教学资源设计注重实用性，帮助学生掌握日常生活和工作中所需的中文交流能力。首先体现在选文的时代性比较强，现当代的选文数量较多，所选题材也多是关于生活事

---

[1] 王祖嫘、何洪霞、李晓露、梁宇：《世界主要发达国家中文教学标准研究报告》，《国际中文教育（中英文）》2021年第4期。

件、生活态度、人生道路、人际交往、家国情怀等方面，与学生的生活联系十分密切。例如，应用文体的选择体现了与时俱进、贴近生活的特点。在写作方面有私函、电子邮件、博客、读书摘要、阅读报告、研究报告等；在阅读方面选取新闻等实用性较强的文章。这些编排以学生的生活实际为立足点，以期提高学生的语言综合运用技能，达到学以致用、乐学善用的教学目标。新加坡中小学中文教材编写在分级目标设定、新型教学组织策略、多元化评价、贴近真实生活和运用信息科技等方面值得参考借鉴。

（三）成人中文教材

为了满足不同成人学习者的需求，新加坡当地机构针对不同学习对象开发了多类教学资源，主要有三种类型，一是针对中文教育者或有志于从事中文教育的学习者开设的中文教育教学进修课程或文凭课程；二是针对商务人士或有志于从事中文教育的学习者开展的双语翻译、汉语国际教育文凭课程；三是为社会上对中文感兴趣的民众提供的汉语拼音、书法课程等。

新加坡与中国商务往来的日益密切，对各界专业人士的中文水平也提出了新的要求。尤其是商务人士对提高商务交往中实用性中文的需求非常迫切。南洋理工大学孔子学院是该国劳动力发展局指定的培训机构，开办各类高质量的商务中文课程。南大孔院经过多年的探索与总结，根据新加坡及东南亚地区商务中文的市场需求，结合当地的语言现象，自行研发了《今日商务》教材。[1] 这套教材使用了大量与商务活动有关的真实语料，选材实

---

[1] 《新加坡孔子学院自行研发出版商务汉语教材》，https://www.chinanews.com.cn/hwjy/2011/08-04/3234718.shtml。

用生动,为不同语言层次的工作人士业余进修商务中文提供了一套完整的学习资料。

为了帮助非华语背景的学习者提高中文水平,了解中国文化和历史,南大孔院出版了南洋理工大学孔子学院语言文化丛书。① 这个系列的书籍包括教材、读物、练习册等,如《变动中的语言》《象棋入门》和《认识吹管乐》等,覆盖了不同的主题和难度级别,为学习者提供了丰富的练习和实践机会,帮助其巩固和应用所学知识。此外,南大孔院还出版了一系列文学和艺术类书籍,涵盖了中国文学、艺术、历史、哲学等方面的内容,旨在向读者介绍中国传统文化和现代文学艺术,包括《我们眼中的新加坡》《新加坡:我的城市我的家园》等书籍。

新加坡教育部和各大教育机构一直致力于提高中文教育的质量,为学生提供更好的学习资源和教学环境。总体来看,新加坡中文教材种类繁多,包括教科书、练习册、阅读材料、文化读物等,覆盖了不同年级和水平的学生,满足了他们的学习需求;中文教材内容丰富,涵盖了语言技能、文化知识、实用交流等方面;中文教材不断更新迭代,根据学生的需求和教学理念做出调整和改进,保持与时俱进。

二 数字化中文教学资源

新加坡教育部注重使用现代信息技术来改善教学,自20世纪末开始有计划地颁布一系列有关信息技术教学应用的文件。自

---

① 资料来源于 Nanyang Technological University, National Institute of Education (NIE), https://www.ntu.edu.sg/ci/publications。

1997年起至2020年，共颁布四个"基础教育信息化发展规划"（Masterplan for ICT-in-Education），分别是：1997~2002年的第一个发展规划（简称MP1），旨在为学校提供基本的设施和为教师提供有关信息通信科技方面的培训；2003~2008年的第二个发展规划（简称MP2），旨在推动在教学中更有效使用、融入信息科技；2009~2014年的第三个发展规划（简称MP3），旨在促进学生自主学习、协作学习，加强设施支持，促进教学随时随地开展；2015~2020年的第四个发展规划（简称MP4），旨在推动学生通过有效应用信息科技成为自主学习者。作为接续性计划，2019年新加坡教育部将"基础教育信息化发展规划"更名为"教育技术计划"（Educational Technology Plan），2021年该国教育部出台《教育技术规划》，它是第五个战略规划，以教育技术生态观为基础，致力于培养"为未来做好准备"的数字化学习者。

（一）官方数字化资源

在政策文件的推动下，该国在数字化教育改革上大胆尝试，开发建设了丰富的中文数字化教学资源，包括电子教材、课件和教学录像、综合性学习平台、教育游戏、虚拟现实学习环境、自适应学习系统等，这些资源涵盖了各个年龄段和不同学习需求的学生，为学生提供了更多学习中文的机会和途径，有助于提高教学效率和质量。

新加坡较早开始纸质教材的数字化。为了提升数字化资源使用和开发的便捷性，在2009年，新加坡推出"教育电子坊2.0"（edumall 2.0）平台，供教师和学生使用。学生使用此平台下载最新的电子版教材、教辅资料等资源，进行自主学习；教师利用平台上的录像、资料库、互动型网站等开展教学，与其他教师一起讨论课题、分享教学心得等。

以"教育电子坊2.0"平台为依托，新加坡教育部教育科技司推出"十分华文"网络学习平台，由当地教师为每一篇小一到小四的课文，设计平均十多篇利用相同主题或生词撰写的文章，以丰富学生的中文阅读和练习资源。"十分华文"的设计参考了北京师范大学的"语文教育跨越式创新试验"，按照以语文运用为中心的基本原则，改变了以往教师在课堂上教学，学生回家阅读和写作的传统中文教学，把教学、阅读和写作在同一堂课里完成，提高学习效率。学生通过该平台进行生词的重复运用和主题文章学习，并练习写作。该平台从 2008 年开始在当地 6 所小学和 4 所中学试验，2010 年有 20 所小学和 4 所中学使用，有近 3000 名小学一年级到四年级的学生参与，学生在中文学习兴趣、识字量、表达和写作能力方面均有提升。[1] "听说 e 乐园"（Chinese Language Oracy eland Portal）也是由新加坡教育部推出的互动网络平台，通过创设真实的语境让学生听说中文，并且增加学生的互动学习能力。[2] 所有小学都能通过"教育电子坊 2.0"使用该平台，通过有趣且色彩鲜艳的图像、动画和游戏等，学习日常口语词汇和常用句式等。

伴随"乐学善用"理念的提出和科技设备的进一步发展，新加坡教育部于 2012 年推出"乐学善用"互动平台（i-Mother

---

[1] 《新加坡教育部研发"十分华文"网教平台获青睐》，https：//www.chinanews.com.cn/hwjy/news/2010/06-04/2323949.shtml。
[2] 《"华语学习互动平台"将向新加坡所有小学开放》，https：//www.chinanews.com.cn/hwjy/2011/09-09/3318641.shtml。

Tongue Language，iMTL）。该平台不仅为学生提供丰富多元、与教材紧密结合的学习资源，包括录像、录音、听力、动画、互动游戏等，还新增了文字输入系统、中文智能语音系统、多元反馈机制、虚拟教学环境系统、学生积分系统等五个功能系统[1]来辅助学生实现互动性学习，鼓励学生在具体语境中运用中文沟通交流，并服务于教师和学习者多样化的教学和学习需求，实现高效率的中文学习。平台内嵌一个类似于维基（Wiki）和博客（Blog）的文字输入系统，支持学习者发表自己的意见并与同伴进行协商讨论，通过有意义的交流互动实现在真实情境中练习中文的目的。智能语音系统采用科大讯飞的语音识别和语音合成软件，不仅能为平台上的字词和语篇等学习材料提供标准的发音，而且能根据学习者朗读的情况，提供学习者在发音的准确性、语速、音调和重音等各个方面情况的总体评价。平台支持学生自评、同伴互评和教师评价多种评价方式，并且提供同步和异步交流的机会，及时反馈学生的学习情况并进行在线答疑。平台通过内置一个"语文学堂"板块和集成多媒体资源库创设虚拟真实的学习情境，利用虚拟现实技术强沉浸性、交互性和多模态感官刺激提升生生和师生间交流互动时的情感体验，激发学生的学习兴趣和创造力。积分系统通过对学习者请教的问题数、浏览问题答案次数和提供解决方案次数等数据的采集与处理分析，生成学习者知识理解程度和学习参与程度的学习报告。"乐学善用"互动平台鲜明地体现了互动、乐学、善用的特征，鼓励学生自主学

---

[1] 杨军平：《新加坡 iMTL 乐学善用互动平台分析评介》，暨南大学硕士学位论文，2014，第 19 页。

习和协作学习，基于平台的情境互动教学，让学生通过有趣和多元化的方式加强母语的学习能力，能全面、完整，多角度、多视野地增强学生在具体语境中运用中文沟通交流的能力。

自2021年开始，新加坡教育部推出"学生学习空间"（Student Learning Space，SLS）[1]，为全国学校系统内的教师、学生、家长和学校领导等提供服务。SLS在线学习平台教学资源类型丰富，包括视频、音频、教案、讲稿、课件、习题、多媒体素材等多模态资源，学生可以根据空间内的各种资源内容，各取所需地建构知识。更进一步地，平台利用最新的智能技术提供丰富的教与学工具，创新学习模式，满足不同学生的学习需求，优化学生的学习体验。SLS可以对学生学习的行为过程进行跟踪性监管，并实时地、差异化地将学习过程分析结果反馈给教师和学生，有利于教师及时调整教学策略和进度，并帮助学生诊断学习问题、改变学习策略。SLS也设置了"自适应学习工具"，可以根据每个学习者的不同水平，定制循序渐进的学习路径，鼓励学生掌握学习的主动权，提升学习自主性。SLS是根据学生和教师的使用需求和反馈建议不断迭代开发的，以满足学生多样化和不断变化的学习需求。

总体而言，官方建设的数字化中文学习资源紧跟母语教育政策、教育理念和科学技术的演变，从借助多媒体教学资源和网络支持学生的自主学习和协作学习，到融合教育游戏和虚拟现实技术的趣味化、情境化学习，再到数智赋能的适应性、个性化学习，学习方式不断演进发展。

---

[1] 资料来源于Student Learning Space，https：//vle.learning.moe.edu.sg/login.

（二）其他数字化资源

新加坡教育资源市场化程度较高，除政府投资开发的教学资源外，许多教育商家或出版商也开发了相应的多媒体教学资源，提升了资源的多样化水平。有学者采用计量统计方法对新加坡中文学习网站进行了调查研究，结果发现：在开发者方面，30%为政府开发，60%为商业开发，10%为学校开发，商家对中文学习网站的开发有极高兴趣，政府则扮演了推动的角色；在资源素材的呈现方式上，FLASH动画占31%、图像占23%、文本占20%、音频及视频占11%、PPT占3%。[1]

易知识网（ezhishi）是新加坡E-Com集团公司于2001年推出的在线中文学习网站，提供丰富的题库练习、电子书、口语互动、听力训练和故事动漫。[2] 这些学习材料都是根据新加坡小学一年级至六年级《欢乐伙伴》课本，分年级、分单元，按练习与考试题型编写的。学生可以根据学习进度自主选择学习内容，针对较弱的题型进行强化练习，平台提供自动批改、评分、成绩记录等功能，帮助学生提高学习效率。此外，E-Com集团公司也与新加坡小学开展合作，为学校开发校本项目，学习资源类型丰富，包括电子书、辅助教材、绘本故事书、有声书、听力测验、多媒体教学游戏、动画短片、ICT数码资源等。

语飞行云（MyCloud）教育互动平台由新加坡南侨小学、新加坡华文教研中心、国立教育学院与微软公司共同研发，于2011

---

[1] 蔡丽、陈永：《新加坡华文网络多媒体教学资源研究》，《海外华文教育》2018年第3期。

[2] 资料来源于易知识网，https：//www.ezhishi.net/Contents/eChinese.html。

年7月1日在南侨小学正式推出。[①]"语飞行云"旨在借助科技增加中文学习的吸引力,激发学生对学习中文的兴趣,其功能包括语音合成器、词汇学习、词语解释、配搭、查询及例句筛选等。除了课本上的篇章,学生还可将任何文章复制到该系统中,系统将利用语音合成技术,为学生朗读并提供单词解释和例句功能。

灵雀中文（Linnet Chinese）是新加坡T-Lab公司基于人工智能技术开发的中文学习平台,面向4~16岁儿童,通过游戏化的互动场景、故事化的生活场景和可视化的鼓励场景激发学生中文学习兴趣,培养学生自主阅读和学习习惯。[②] 教学内容依据2021年中国教育部最新颁布的《国际中文教育中文水平等级标准》编写设计,涵盖语音教学、字词教学、情境教学和人文教学,既注重语言技能的训练,又注重语言要素的学习,循序渐进、螺旋式上升,全面提升学生的中文听说读写以及应用水平,并系统化衔接YCT、HSK和AP Chinese考试。

伴随移动设备和无线网络的发展,越来越多的华校师生使用App进行教学和学习。LingoAce公司推出了分别面向学生和学生家长的App,学生端为学生提供包括启蒙版、标准版、拓展版和进阶版的教材和课程,课程融入多元文化元素,采用动画、游戏、角色扮演等有趣的形式,并且由专业、热情、母语为中文的老师与学生进行在线即时互动,提供实时的教学和指导,让学生在自然真实的场景中学习和使用语言。家长端能在不干扰学生学习的情况下,远程及时跟进和监督孩子的中文学习进展和进度,

---

[①] 《新加坡首创华文教育互动平台激发学子华文兴趣》,https://www.chinanews.com.cn/hwjy/2011/07-05/3157184.shtml。

[②] 资料来源于Linnet Chinese（T-Lab）,https://east.vc/portfolio/t-lab/。

更有效地实现机构与家长的紧密合作，共同帮助学生学习中文。除专门开发的中文教育 App 以外，近年来已有不少中文爱好者、教育组织机构在社交和短视频 App（如 YouTube、Twitter、FaceBook 等）上运营自媒体账号，提供主题词汇学习、中国文化知识、娱乐性知识等教学资源。

新加坡较早开始了华文教育专用语料库的开发和建设，以促进语料库更加紧密地配合中文教学。在该国教育部资助下，新加坡南洋理工大学研发并推出了"新加坡学生日常华文书面语语料库"和"新加坡小学生日常华语口语语料库"，前者能帮助学生明确应该学习的日常词汇和句型，后者旨在探索不同年龄层学生所能基本具备的词汇与句型，帮助教师了解教学重难点并优化教学内容设计。[1]

在新加坡政府教育政策方针的引导下，利用数字化、信息化教学资源成为新加坡学生学习的趋势。政府、学校、组织和商家紧密配合，推出体系化、多样化、紧贴母语教育政策和课程标准的中文教材和教学资源；强调实用性，注重培养学生的实际语言运用能力；结合虚拟现实技术、学习分析技术、智能语音识别、语料库设计、实时辅导 App 等新科技丰富教学资源，提高中文教学的个性化、智能化水平。

小结与思考

国家语言政策和教育制度不仅关乎人才培养的质量，更加关

---

[1] 吴福焕、林进展、周红霞：《新加坡教育专用语料库的建设与应用》，《华文教学与研究》2016 年第 3 期。

系到国家的经济社会发展和民族团结。双语政策的实施和落实，一方面为新加坡与西方发达国家政治、经济的交往创造了良好的语言沟通环境，另一方面为引进和培养与世界接轨的专业人才起到了基础性的作用，大大提高了该国人才的国际竞争力。同时，该国的教育政策兼顾精英教育和学生个性化发展，在中文教育机构质量保障、中文教师长短期发展、中文学习者动机激发、中文教学资源数字化等方面皆有较为系统、规范的政策制度和成熟的实践经验。但英语的强势发展，使中文在功能和地位上被忽视，如何促进中文学习者听说读写能力均衡发展以及保证华族文化的良好赓续是该国需要应对和解决的问题。

（一）双语政策下新加坡中文教育的顺势发展

语言政策是语言教学的风向标，新加坡政府在不同时期从政策和制度上对母语教学和推广进行了约束和推动。双语教育实施的前10年，不仅有效地维护了多元种族国家的政治稳定和民族团结，解决了国家与人民的生存发展问题，更使双语教育成为该国独特的优势和品牌，培养了一大批双语精英人才。但是，20世纪六七十年代，新加坡人受制于国家与个人生存发展的内外部环境压力，纷纷选择英语教育，致使中文教育呈式微之势。

中新两国建交及中国经济的高速发展，对中文在新加坡当地的发展起到积极的推动作用。成立华文教研中心、华文特选学校，制定全国统一实施运行并由政府定期修改的中文课程标准，开发配套中小学中文教材，为教师提供专业化、标准化、个性化的培养和培训项目，开发"新加坡口语和书面语语料库""写作评改系统"等中文学习平台，这一系列重振中文教育的改革措施足以体现新加坡对中文课程教学的重视程度，也促进了中文教育的蓬勃发展。目前该国的中文教育涵盖了从幼儿园到大学的课程，各类培训机构、教辅中心等开展的课程，形成了较为完善的教育体系。

(二) 移民环境对新加坡中文学习的多维影响

移民在语言使用倾向、语言学习需求和语言学习目标等多个方面发挥重要的影响作用。新加坡早期的华人移民主要来自中国南方，如福建、广东和海南，多使用闽方言、粤方言和客家方言等汉语方言。华人社区的聚居现实，是中文得以保留的重要土壤，对语言维系起到潜移默化的作用。当地华人社区语言以方言为主，这与东南亚其他国家类似，特别是三代同堂的家庭，具有更加浓厚的祖语氛围。老一代华人华侨以中华文化为"根"，对母语情结深厚，他们重视后代的中文学习，家庭内部的语言交流需求，是华裔青少年中文学习动机激发与维护的途径之一，也为保持、巩固和提高华裔后代中文水平创设了条件。

新加坡第一代华人移民对故土的眷恋情感浓厚，在文化传统的传承上付出了不懈努力。但是，随着华人社区聚居局面发生变化，年轻一代的华人对居住国的文化和身份认同感提升，成为语言使用情况发生变化的潜在因素。此外，由于该国移民来源多样化，语言学习目标以口语交际和书面互动等实际需求为主，在语言的标准性和规范性要求上有所减弱。因此，该国在中文考试中，对学生在语音、语法上的错误给予一定的容错度，以能否达到实际交流效果为主要评分依据。

(三) 标准引领下的新加坡中文教学资源协同创新

国际中文教育标准建设在国际中文教学实践中发挥着引领和

规范的作用，是中文教育高质量发展的重要保障。为更好地顺应当地社会发展需求以及语言环境变化现状，新加坡母语课程检讨委员会定期邀请海内外专家研制和更新中文课程标准，明确中文教育前进的方向和实践路径。目前，该国已经具有涵盖学前教育和中小学教育的全国统一施行的中文教育标准，全面描述和评价学习者中文语言技能和水平。标准的制定和发布为当地中文教学资源建设提供参考依据，除当地政府统一编制的中小学中文教材外，其他各教育机构和教材研发者也会在标准的约束下进行课本、练习册、工具书、课件、网站平台和手机 App 等各类型资源的开发。

中文教育标准的制定也是实现中文教育本土化的重要抓手，中新两国教师和教学研究人员在标准的指导和规范下进行教学资源的合作开发和建设，有利于保证教学资源的专业性和对当地学习需求的适配性。但是，儿童读物、电影电视等日常性的中文资源相对匮乏，对新加坡青少年群体的吸引力较为薄弱的问题也需要关注。借助数字媒体和智能技术增强学习资源的吸引力、新颖性和智能化，并通过信息化手段提升信息传播的即时性和准确性，是提升中文学习体验和实现中华文化传承的可行方式。

（四）多元主体助力新加坡中文教育全面发展

政府部门、教育机构、团体组织和个人构成了中文教育的多元主体。中小学校和高校开设的中文课程和专业是中文教育系统化发展的保障，教辅机构和民间社会组织对当地的中文教育和中华文化传承起到了补充和丰富的作用。当地的华侨华人既熟悉该国的风俗民情，又了解祖籍国文化，是海内外文化沟通的重要力量。自下而上的、自发的民间活动能够更好地借助各种渠道组织形式多样的文化宣传和体验活动，以润物细无声的方式向身边的朋友传递中国的传统文化和当代生活风貌。

新加坡中文教师来源也呈现多样性，包括本地教师，以华人居多；旅居当地的华侨、留学生；中国派出的中文教师和志愿者等。中文教师肩负着激发学生中文学习热情、中文语言能力提升和文化教育的三重重任。随着全球掀起中文学习热潮，事实上优秀教师的数量远小于市场需求量。面向21世纪的中文师资培养需要新加坡教育体制的大力支持，同时离不开中国高校的力量。为了进一步提升海外中文教育的质量，需要积极推进更多国内外高校开展中文教师培养合作，建立海内外联动的教育模式，研发和开设类型多样的培训课程。

（五）数智赋能中文教育模式创新发展

运用新技术新手段提升教育信息化水平，是推进新时代海外中文教育高质量发展、增强中华文明传播力和影响力的有力措施。伴随大数据、VR/AR和人工智能技术的发展，促进学生个性化学习和增强情感体验的智慧教学理念和实践是语言教学的发展方向。新加坡的中小学校和各类教辅机构已经开始借助智能技术，为学生定制教学和辅导内容，根据每个学生的学习轨迹及数据，完成对学习能力的诊断，形成个性化的学习路径，实现因材施教。此外，通过VR、AR技术创建虚拟的、沉浸式的学习环境，能增强学生的学习兴趣和感官体验，激发学习动机。

从机器翻译、语音识别、文字识别等技术的发展到ChatGPT、大模型在全球风靡，人工智能技术以其强大的语言文字处理能力和智能化的人机交互功能受到语言教学和科研领域的重点关注。人工智能技术不仅能营造语言交流氛围，激发学生的语言互动兴趣,还能为学生提供智慧化的导学,以智慧学伴的形式与学习者展开交流互动。在大数据和学习分析技术的支持下,机器通过伴随式的学习数据采集和分析评价,及时地给予学习者词汇提示,纠正语法错误,辅助学习者顺利完成对话。教育人工智能不仅是学习者的良师益友,同时也在推动教师角色的转变升级。教育人工智能能为教师提供包含备课素材、教学知识内容和辅助资源的初步组织与计划,帮助教师节省初始收集与整合资料的时间;通过学生画像对学习者特征和需求进行全方位的诊断和评估,帮助教师预先了解学生学习中的重难点,提早做好教学准备;实时自动观察和监测学生的学习进度,评估学生的语言熟练度,及时反馈给教师和学生。因此,新时代中文教师会更多地向学习兴趣的激发者、学习过程的支持者、学生情感状态的调节者转变,同时需要提升数字化素养,掌握运用技术手段对学情数据进行分析和评价的能力。

第三章

新加坡语言生活中的中文发展

多语即指个人或某社会群体同时使用两种以上的语言。[①] 多语社会是世界语言生活的重要组成部分。随着科技发展和全球化进程加速，各国间的人口流动日益频繁，在不同语言的接触与碰撞之中，多语社会的语言运用情况也变得越来越复杂。在多语社会中，语言社区、社区成员的身份认同与其情感态度在交际过程中相互牵制、相互影响。语言不仅具有交际的功能，还能通过构建语言社区，为语言使用者带来文化归属感和身份认同感，从而构筑起身份认同的情感纽带，具有促进社会和谐与稳定的功能。同时，语言也是文化的载体，各地方言和各族语言都具有承载地域文化、民族文化的功能。

新加坡是一个较为典型的多语制国家，根据该国统计局2020年人口普查数据，同时使用两种及以上语言的人口达249.78万，约占当年常住人口的72.21%，当地华族主要学习和

[①] 徐大明、陶红印、谢天蔚：《当代社会语言学》，中国社会科学出版社，1997，第162页。

使用中文与英语。新加坡在脱离马来西亚独立建国前就已是一个多语互动频繁的社会。1957 年的人口普查数据①显示，包含当地华族所使用的多种汉语方言在内，当地使用的语言达 33 种之多，其中有 20 种语言的使用人数规模在千人以上；当时，华族占新加坡总人口的 75.4%，也是当地语言使用状况最复杂的多语族群，约 1/3 说福建话、17% 说潮州话、15% 说广东话，还有一小部分人日常说海南话或客家话，其他汉语方言也在不同人群中被广泛使用，而说普通话的华族仅占总人口的 0.1%。当地语言的使用可谓纷繁复杂。自 1965 年独立建国以来，新加坡语言生态持续变化。根据 2010 年的人口普查数据，② 中文普通话成为华族最常使用的家庭用语，占 47.7%；其次为英语，占 32.6%。至于福建话、广东话及潮州话等汉语方言的使用者越来越少，部分方言甚至逐渐消失。随着新加坡语言生态的不断变化，至 2020 年，华族在家庭生活中使用中文普通话的比例下降至 40.2%，英语成为华族最常使用的家庭用语，占 47.6%。③ 这些数据在一定程度上反映了新加坡多语互动发展的语言生活风貌。

"语言生活"这一议题近年来广受社会学和语言学学者的关注，相关研究主要关注运用和应用语言文字的各种个人活动和社会活动。④ 语言不仅是社会生活的一个重要组成部分，它还记录

---

① 1957 年新加坡人口普查数据转引自吴英成、冯耀华《落地生根的胡姬花：新加坡华裔语言形态与身份认同解读》，《台湾华语教学研究》2017 年第 6 期。

② "Singapore Department of Statistics 2010", https：//www.singstat.gov.sg/publications/cop2010/cop2010-sr1.

③ "Singapore Department of Statistics 2020", https：//www.singstat.gov.sg/publications/reference/cop2020/cop2020-sr1.

④ 李宇明：《语言生活与精神文明》，《语文建设》1997 年第 1 期。

和影响着社会的物质生活和精神文化生活。语言生活能够反映出社会生活的文明进程，因此，观察新加坡中文语言生活有助于我们梳理新加坡华族社会的发展历程，理解新加坡华裔的身份认同。

本章将从语言生活的角度展开对新加坡中文发展历程及现状的描述，主要聚焦新加坡多语互动环境下的中文语言生活，特别关注华人家庭语言生活，继而围绕日常生活、大众媒体、宗乡社团文化生活和语言服务等不同领域描绘新加坡多语互动、充满活力的语言生活，最后对新加坡中文这一区域语言变体的新貌发展展开讨论。

第一节　家庭语言生活

家庭是传承母语的最佳场所，关注华人家庭语言生活有助于理解当地中文传承与发展现状。自1965年独立以来，新加坡华人的家庭语言生活一直在变化发展，中文在华人家庭中的使用情况在不同时期也呈现不同的发展态势。学者在分析大量相关数据资料后发现，中文在20世纪80年代前后经历了一段急速上升期，其后发展态势逐渐减缓，同时期英语的使用率却一直呈上升态势，逐渐发展为强势语言。[1] 以英语为主要用语的家庭越来越多，对当地中文的传承与发展产生了一定影响。

当地华人的家庭语言生活在很大程度上受到社会环境和学校

---

[1] 黄霞、游汝杰：《华语运动与新加坡的语言使用考察》，《西部学刊》2013年第12期。

教育的影响，而要考察中文在华人家庭中的使用情况，则不能不关注对社会和教育均影响颇深的"讲华语运动"。

一 中文应用的发展变化

从1965年独立到20世纪70年代末，汉语方言一直是新加坡华族所使用的主要语言，普通话的使用率极低。根据新加坡1957年人口普查报告，以普通话作为母语的华族仅占总人口的0.1%，而华族人口中自称可以讲普通话的也只有26.7%，华族社群中通用的汉语方言主要有福建话、潮州话和广东话等，这一情况一直持续到1979年推行"讲华语运动"前。

在推行"讲华语运动"的第一个十年，新加坡中文的使用率激增，而汉语方言的使用率则持续减少。根据新加坡环境发展部1992年的调查数据，当地华族中使用普通话的人口，由1979年的1%增至1992年的33%；而使用汉语方言者，则从1979年的89%降至1992年的63%。[①] 新加坡教育部1989年的调查数据显示，华裔小学一年级（简称"小一"）学生在家中主要说普通话的比例，由1980年的25.9%增加到1989年的69.1%；而主要说汉语方言的比例，则从1980年的64.4%减少到1989年的7.2%。[②] 这段时间普通话成为当地大部分华族日常使用的主要语言，这也象征着"讲华语运动"在推行初期便取得了不俗的成绩。这一成绩离不开政府的倡导和民众的支持，同时也与中文本身的魅力密切相关。

---

① 《华语运动已显成效》，《联合早报》2000年12月4日。
② 1989年新加坡教育部调查数据转引自黄霞、游汝杰《华语运动与新加坡的语言使用考察》，《西部学刊》2013年第12期。

在推行"讲华语运动"的第二个十年，即20世纪90年代初至21世纪初，当地华人家庭的语言使用情况呈现新的变化趋势。普通话发展为华人家庭的第一语言，汉语方言渐显萎缩状态。在这一时期，华族文化也被列为"讲华语运动"的推广重点之一。2000年有12部中国电影在当地上映，"看电影，学华语"既是一种休闲享受，更提供了一个接受中华文化和传统教育的契机。2001年举办的"华人文化之窗"，设立了15个宣传窗口，向民众介绍包括中国画、传统书法、印章雕刻、大戏服装和陶瓷制作等在内的中华传统文化。这一系列行动均旨在通过轻松娱乐的表演和宣讲，鼓励当地华人在讲中文之余，更多了解和欣赏华族历史与中华文化。

21世纪初至今，随着中国在全球经济、政治、科技等方面的实力不断增长，中新两国的国际交流与合作也越来越密切，加之新移民的大量涌入对当地华人社会的语言结构造成了很大影响，中文的使用情况呈现新的特点。"讲华语运动"的目标民众也发生变化，开始针对更有潜力的年轻、年幼一代。从2003年开始，"华语COOL""讲华语COOL"等一些时尚宣传标语出现在了新加坡的大街小巷之中。政府希望借此鼓励年轻民众更好地掌握中文，在中文已巩固的基础上，再向讲英语转换。

从事跨国贸易的商人群体在"讲华语运动"中也扮演着重要角色。在中国大陆及港澳台地区经商的新加坡商人数以万计，他们以中文为主要沟通语言。2007年2月，新加坡中华总商会成立了一个委员会，开始积极筹备成立"华语俱乐部"。据《联合早报》报道，当时中华总商会会长蔡天宝在大年初一"新春大团拜"上的致辞中，提到总商会计划设立"双文化"平台。

其后，中华总商会筹办了一系列的中华文化主题宣传活动，如"中华书法欣赏与学习"主题书法班等，旨在借学习和欣赏书法，帮助新加坡商人接触和了解中华艺术文化、哲学思想与传统商业美德等。

2019年10月22日，为了庆祝"讲华语运动"40周年，推广华语理事会在华族文化中心礼堂举行隆重庆典，李显龙总理出席并致辞："我们需要加倍努力，鼓励国人把华语融入日常生活中，也必须想方设法保持我国华语的活力和独特之处……社会和环境都在不断改变，推广华语将是一项坚持不懈的工程。"由此可见，新加坡政府在推广中文方面始终坚持不懈，致力于使中文成为当地一个活的、有生气的语言。

二　新移民与传统华校生

新加坡华人移民历史悠久，华人构成类型多样。早期移民多操着原祖籍地的汉语方言，其后代有的接受中文教育，形成当地的"传统华校生"[①] 群体；有的接受英语教育，形成"传统英校生"[②] 群体。不同于早期移民，新移民群体多在中国大陆或港澳台地区接受教育，移民新加坡后多接受双语（英语和中文）教育。

教育背景的差异导致新移民与传统华校生在语言使用方面表现出不同偏好。整体上，新移民与传统华校生的语言偏好均和其

---

① "传统华校"是指1987年统一源流之前的华文学校，教学媒介语为华语，英语作为单科进行教学，教育体制与中国大陆基本一致。
② "传统英校"是指1987年统一源流之前的英语学校，教学媒介语为英语，且无须修读华语。

语言优势保持一致，以普通话或汉语方言为主，英语为辅；二者在语言使用偏好上的差异主要表现为传统华校生偏好汉语方言，新移民偏好使用普通话，后者的英语水平比前者高。具体来说，传统华校生偏好汉语方言，主要是受到祖籍地方言使用习惯的影响。他们所使用的汉语方言以福建话、潮州话、广东话、海南话和客家话为主，且他们中的多数不仅能说自己的祖籍地方言，也略懂其他中国南方汉语方言，方言多样性较高。相较于传统华校生，新移民往往英语水平更高。这是因为新移民多在中国完成义务教育或高等教育，移民后当地社会的语言环境与工作需要进一步提升了他们的英语能力；而传统华校生接受教育的时期正是当地教育转型时期，所受英语教育多不成体系，整体英语水平低于新移民群体。此外，不同新移民群体的中文水平也存在差异，有的新移民在完成大学阶段教育后才移民新加坡，而有的新移民在完成义务教育阶段学习后便移民至新加坡，开始接受当地的双语教育。二者在语言能力方面存在一定差异，前者的中文能力更强，在中文使用上也更具信心；后者可能缺乏使用中文的信心，更强调自己中英"双语人"的特征。

在家庭语言方面，新移民家庭与传统华校生家庭表现较为一致。在父母与子女的沟通中，父母更多地会使用普通话或汉语方言，而子女更倾向于使用英语。据调查，当地华人与其父母沟通时大多使用普通话或汉语方言，而与其子女沟通时只使用普通话者占比51.16%，两成以上的会辅以英语。[①] 这侧面反映了当地

[①] 何洪霞、吴应辉：《新加坡华语社区语言使用情况研究》，《民族教育研究》2021年第3期。

华人家庭中子女使用英语的频率呈上升趋势，由于子女的中文水平有所下降，华人父母更多选择"中1英2"（中文为主、英语为辅）或者"英1中2"（英语为主、中文为辅）的交流模式与子女沟通。在同辈之间的沟通中，夫妻、兄弟姐妹、好友之间主要使用中文沟通的比例均超过50%，但关系的内外差异也会对中文使用情况产生影响。夫妻之间或兄弟姐妹之间交流时倾向于只用中文或优先使用中文，说明中文在家庭内部具有主导地位；而好友、同事或同学之间交流时使用英语的频率呈上升趋势，说明英语在社会关系中的重要性逐渐凸显，其共同语的功能得到体现。总的来说，当地华人在语言使用方面既体现"内外有别"的交际方式，又体现不同语言的功能差异。

在语言传承观念方面，受新加坡以英语为主导语的双语政策影响，大部分新移民和传统华校生家长均认同子女应该接受中英双语教育。当地华人对子女进行家庭教育的语言选择又可以细化为"中文型"、"双语型"和"无意识型"三大类型。"中文型"家长选择单一的中文作为教育子女的理想语言。他们认识到当地语言政策以英语为主的倾向性，所以并不担心子女的英语水平，反而担心他们的中文传承问题。因此，"中文型"家长选择以中文为主的家庭教育方式。"双语型"家长认为中英文都是教育子女的理想语言。从交际需要上来看，保持中文有助于家庭成员之间的沟通，掌握英语则能更好地融入新加坡多元文化的主流社会；从身份认同上来看，学习中文是文化传承的重要工具，是华人血统的重要标志。因此，"双语型"家长支持中英双语的家庭教育方式。"无意识型"家长通常个人英语能力较差，在家跟孩子沟通只使用中文，对孩子的语言问题缺乏主动规划。

三 华裔的语言形态与身份认同

语言的形态与身份认同的构建是一个相互影响的过程，语言形态会影响到身份认同的形成，身份认同的转变也会反过来影响个人的语言使用和语言态度。新加坡华裔的语言形态与身份认同也在相互影响中发生着变化。不同世代、不同家庭常用语、不同教育背景下华裔的语言形态均有所不同，而华裔自我身份认同的构建又与其家庭背景、教育背景和语言形态息息相关。[①]

（一）新加坡华裔的两种语言形态

新加坡华裔的语言形态大致可分为族裔语和本土语两大类型。族裔语主要体现于第一代华人和第二代华裔之中。第一代华人主要包括新加坡建国前期在华校接受教育的华人和在原籍地（如中国大陆、台湾、香港等）接受中文教育的成人新移民。他们当中有一些已掌握了有限的英语，成为早期的双语人，但整体仍以中文为主要交际用语。至于第二代华裔，由于其父母辈接受华校教育或者在原籍地接受中文教育，他们的家庭常用语大多为中文，在入学前已具备基本中文口语能力。但在他们接受以英语为主、中文为辅的双语教育后，大多已经掌握相当程度的英语，并以英语为优选语言。

另一种语言形态——本土语主要体现于第三代和第四代华裔之中。第三代华裔的父母在经历国民型双语教育体制后，大多为英语优选双语人，部分为英语主导双语人，中文大多停留在口语

[①] 吴英成、冯耀华：《落地生根的胡姬花：新加坡华裔语言形态与身份认同解读》，《台湾华语教学研究》2017年第6期。

水平，习惯以优势语言（英语）和第三代孩子沟通，这不仅造成"第三代英语症候群"现象，而且祖（第一代）孙（第三代）两代也出现"鸡同鸭讲"的语言代沟问题。对于第四代华裔而言，他们向英语靠拢的现象将更为显著，且占强势主导地位，只有非常少数还保留基本的中文口语能力。

（二）新加坡华人类型与身份认同

新加坡华族并不是单一族群，而是由不同类型的华人组合而成。根据其移民时间先后、祖籍语言能力的退化程度和在居留地的文化融合情况等，可大致分为土生华人、新客华人及新移民三大类型。他们在家庭常用语、教育背景和语言形态等方面存在一定差异，而这些差异也影响着其对自我身份认同的建构。

土生华人是指早期移民马来半岛与东南亚其他地区的华人。早在14~15世纪，福建和广东就有不少商人陆续移居马来半岛，他们与当地居民通婚、繁衍后代，形成了一个特殊的华族族群，男性称为"峇峇"，女性称为"娘惹"。这些土生华人并未完全被同化，在家仍使用祖籍方言或由闽南语和马来语相混产生的峇峇话，生活上力求保存华人的传统习俗和信仰。在服饰及饮食方面，土生华人融合本土元素，创造出华马杂糅的娘惹装、娘惹糕点、娘惹食谱等。二战后，接受英式教育的土生华人领袖尽力摆脱过去与英国殖民地政权的从属关系，转而追求本土自主权，他们在新加坡建国过程中积极扮演主导角色，李光耀便是其中最知名的领袖。土生华人的中国认同相对薄弱，主要以姓氏、血统、传统习俗和信仰作为族群的身份表征。目前，新加坡土生华人中只有小部分仍保持在家使用祖籍地方言或峇峇话的习惯，大多数以英语作为家庭常用语和工作语言。他们大多无法听说中文，更不用说读写中文,需要通过英语来了解中国文化和历史。

新客华人是指19世纪末进入新加坡的华人移民,主要来自中国南方各省。他们大多操着祖籍地方言,如福建话、潮州话、海南话、福州话、广东话和客家话等。在血缘、地缘、业缘的基础上,他们建立起同姓、同宗亲、同乡会馆与同业公会等华社组织。20世纪初期,中国民族主义高涨,辛亥革命后提出"五族共和"的中华民族新论述,民国政府实行以血统为原则的国籍法,认为凡具有中国血统的华人皆为国民,即使入籍外国,仍视为中国国民,这直接影响了新客华人的身份与其对祖籍国的认同,使其有了保留身份的动机。另外,新加坡华侨领袖和华人会馆纷纷致力于创办华校,华校不仅教学生学习中文和中华文化,还教他们掌握基本的谋生技能。华校的创办不仅加强了华族教育,还强化了华族的民族文化认同感。二战后初期,接受中文教育的新客华人在认同居留地归属性的同时,仍期盼与祖国维持象征性的文化联系。

20世纪90年代中期以来,为吸引外来人才,新加坡政府放宽移民政策,来自中国大陆、台湾和香港地区的专业人士移居到新加坡,形成了当地的新移民华人社群。新移民华人往往自豪于自己出身自正统中华文化,批评新加坡原有华人族群的西化作风,不喜被掺杂的新加坡本土中文,呼吁中文的标准化,他们与土生华人和新客华人的社会文化差异较大,给当地华人社群带来新的文化冲击。

(三)华裔自我身份认同建构

新加坡华裔自我身份认同的构建与其家庭背景、教育背景和语言形态息息相关,大致可分为"落叶归根"型和"落地生根"

型两大类型。① "落叶归根"型趋向民族原乡认同。新加坡第一代华人包括建国前期在华校接受基础教育的华人和来自中国大陆、台湾、香港等地区的成人新移民。前者在华校通过中文学习，掌握学科知识，并对中国的历史文化有所理解；后者在中国原乡成长并接受基础教育，自然对中国有着"浓得化不开"的深厚情感。同为第一代华人，前者纵然对所成长的土地有高度认同感，仍期盼能与"从何处来"的祖籍地语言文化紧密联系，但是他们对华族族群的认同远高于对中国原乡的认同。与之相反，后者虽已入籍居留国，但对中国原乡仍有高度的认同。至于第二代华裔，虽已在新加坡接受国民型双语教育，但因受第一代父母潜移默化的影响，对"从何处来"的祖籍地归属性仍带有一种模糊的认同。

"落地生根"型则趋向本土国家认同。由于第三代、第四代华裔与祖籍地的联系不复存在，他们对"想象"的祖籍地几乎没有情感包袱。他们在新加坡出生，自幼在以英语为主导语言的新加坡教育体制下成长，视"身在何处"的新加坡为自己的家园，他们对新加坡的国家认同远高于对华族族群的认同。

华人移民几个世纪以来不只在南洋落地生根，也在世界各地开枝散叶，成为居留地的国民。由于移民的时间先后有别，加上华人世代双语变迁，对居留国家认同的程度不一，光在新加坡华族族群内部，就不断出现因身份认同不一致而产生的冲突。中国大陆及港澳台华人圈与海外各国华人社群的彼此误读亦是如此。在彼此依赖

---

① 吴英成、冯耀华：《落地生根的胡姬花：新加坡华裔语言形态与身份认同解读》，《台湾华语教学研究》2017年第6期。

又日益变动的全球化时代中,世界各地的华人应抛开成见,接受事实,尊重多元的身份认同,进而利用本土与全球、此处与他处、过去与现在等双重文化特性,在全球化中找到适者生存的新出路。

第二节 领域语言生活

在多语环境下,多民族和谐共处与经济发展的客观需要造就了新加坡多元化的语言生活。其中,中文的应用也深入新加坡人生活的各个领域,从日常生活到大众媒体,从文化生活到社会语言服务,人们生活的方方面面都与中文密切相关。观察不同领域内中文的应用与发展,有助于进一步了解新加坡多语互动的语言生活状况,理解该国的领域语言规划和语言生活治理。

一 日常生活领域

由于英语是新加坡《宪法》规定的工作语言,在工作场合,尤其是较正式的行政会议中,新加坡人主要使用英语来沟通。但在日常生活中,中文也占据着重要地位。在和家人、华族朋友沟通时,当地华人会偏向于使用中文。其中,老一辈新加坡华人(45岁及以上)更多使用福建话或中文普通话掺杂福建话。而年轻一代(45岁以下)或新移民则更多使用中文普通话来沟通。据调查,新加坡华人群体在日常社交用语上呈现"中文为主、英语为辅"的语言使用偏好。[1]

---

[1] 何洪霞、吴应辉:《新加坡华语社区语言使用情况研究》,《民族教育研究》2021年第3期。

中文在日常生活中的应用不仅体现在工作和社交用语上，也体现在当地的街边市场——巴刹之中。"巴刹"（pasar）一词来源于马来语，意为"市场、集市"。巴刹是当地政府为集中管理沿街叫卖的小商贩而规划建造的公共设施。巴刹主要包括售卖鸡鸭鱼肉和蔬菜水果等生鲜商品的湿巴刹、售卖日用杂货和衣服鞋袜等的干巴刹，以及售卖各类熟食小吃的熟食中心三部分。熟食中心售卖的主要是水粿、肠粉、擂茶、猪脚姜、叉烧饭、潮州菜粿和海南鸡饭等中式快餐，俨然是一个中国美食集市，囊括了福建、广东、海南等各地美食。由于其中的摊贩和消费者大多是华人，最常用的沟通语言是中文，摊档的招牌标识也基本上是中文，巴刹常被认为是新加坡"最华人"的地方。① 作为新加坡城市典型的公共空间，它也是当地的一大社会活动中心，家庭成员、三五好友、街坊邻居常在这里相聚，甚至有新加坡总统候选人到巴刹拉选票。

中文的应用还体现在交通领域。新加坡的交通一直为人所称道，因为其规划从起步之初就确立了公共交通优先的战略，历经多年的精细化发展，公共交通已经成为民众出行的首选。与之相应，新加坡中文中反映公共交通工具名称、种类以及公共汽车服务的特有词汇也特别多，这些特有词汇也是新加坡中文的一大特点。表3-1列举了部分典型的交通领域新加坡特色中文词汇。

---

① 仲立斌：《建构空间、凝聚族群——新加坡巴刹的华语流行歌曲表演》，《中国音乐》2021年第2期。

表 3-1　新加坡交通领域部分特色中文词汇

新加坡中文词汇	《全球华语大辞典》释义
白兔快车	大站快车,中途只停大站的公共汽车。因英语中"兔"rabbit 和"快"rapid 读音相近,而兔是跳跃式前进的,故称
豪华德士	指车内装有电话等设备的出租汽车
康疗巴士	接送残疾人上下班或外出参加活动的小型客车
车场	集中停放、保养车辆的场所,也作车厂
易通卡	智能储值卡的一种,主要用作支付公共交通的乘车费
拥车证	购买汽车或摩托车的凭证。凡需购买新车者,须在规定日期内用竞投方式申请,投标按车辆类型共分七组,中标者可购买拥车证
阅卡器	指电子不停车收费系统,英语缩写 ETC
周末用车	只能在星期日和节日使用,其他时间行驶受限制的汽车,也称红牌车

资料来源：李宇明主编《全球华语大词典》,商务印书馆,2016。

新加坡一些文化保护区的中文命名也独具特色。当地唐人街又称牛车水,因早年该区域内没有自来水,每天的水源供应全赖牛车拉运而得名。它是新加坡政府为了让年轻一代饮水思源而特别保护的地方。乘坐地铁或公交途经此站点时,报站语言也会从英语转换为中文。

此外,新加坡还拥有多个华人主题博物馆,包括牛车水原貌馆和南洋理工大学华裔馆等,体现着当地日常生活中丰富多元的中文与华裔文化特色。其中,牛车水原貌馆是当地的一座华人移民史博物馆,主要展示了牛车水街区华人移民的历史变迁与文化传承。原貌馆位于宝塔街 46~50 号三间经过精心修复的店屋内,馆舍所在的牛车水街区原是新加坡殖民政府规划的早期华人社群聚居之地。该馆由情景复原空间和展厅两部分组成。情景复原空间通过店屋剧场式的场景,选取了 20 世纪 50 年代具有代表性的街区移民职业群体，在每一个隔间内重建其个人或家庭的生活场景，通过重现个体移民者的具象经验，引领观众进入更具群体表征的移民史和习俗呈现。展厅部分从中国移民背井离乡来到新加坡的历程讲起，叙述了牛车水形成之脉络，随后转入对牛车水昔日生活面貌的横向铺陈，呈现了牛车水华人在会馆、教育等乡党社群建设方面的努力，以及通过辛勤劳动所换来的商业繁荣和娱乐生活的多彩，最后以当代为落脚点，通过"变迁中的牛车水"主题展览体现牛车水华人移民后代的奋发努力以及社区风貌的进步，颂扬了牛车水精神的薪火相传。

成立于1995年5月的华裔馆是当地另一处知名的华人主题博物馆。它坐落于前南洋大学行政楼，于2011年并入南洋理工大学。华裔馆集博物馆、图书馆和研究中心于一体，致力于通过展览、文献搜集、讲座研讨、学术出版和图书馆服务等活动，"增进对散居世界各地的海外华人和华族社群的认知和了解，立志成为世界一流的海外华人研究机构和资源中心"。[①] 馆内有两个常设展厅——"何谓华人图片展"和"南洋大学图片展"。其中，"何谓华人图片展"以七个陈列室的图片与文物，从"自我""其他华人""跨越华人""世界公民"四个主题出发，对"华人"在不同时代的定义进行探索和比照，并借此说明华人的身份认同日趋复杂，已不能被纯粹分类。

总的来说，中文的使用和华裔文化已深入新加坡华人生活的各个方面，从工作、社交到家庭生活，从街边市场到公共交通，

[①] 资料来源于华裔馆官网，https：//www.ntu.edu.sg/chc#Content_ C056_ Col01。

从文化保护区到主题博物馆，人们物质生活和精神文化生活都离不开中文与中华文化。

二 大众媒体领域

中文报刊是新加坡大众媒体的重要组成部分，在当地华人群体中有着较强的影响力。中文报刊的广泛传播与颇受关注，折射出中文与中华文化在当地大众媒体领域的影响。《联合早报》作为该国历史最为悠久、最具代表性的中文报，在当地已被视为中文媒体的象征，作为国际知名中文报刊，在海外华人群体中也有着较为广泛的影响力。分析该报的报道风格与内容构成，有助于了解中文在当地大众媒体领域的使用情况与当地华人对与中国相关新闻的关注情况。

（一）报道风格

新报业媒体[①]旗下的《联合早报》是新加坡最主要的中文报刊之一，其前身《南洋商报》和《星洲日报》分别创刊于1923年和1929年。这两家历史悠久的报社于1983年合并，共同出版了《南洋·星洲联合早报》，简称《联合早报》。自创刊以来，该报坚持"以第三只眼看大中华"，凭借客观中立的报道和专业深刻的评论，吸引了大量海内外高素质中文读者，在全球华人社会中积累了较高的信誉度。近年来，该报借助网络传播的广度、深度和速度已经将其影响力拓展到了华人世界的每个角落，成为

[①] 新加坡报业控股于2021年完成媒体业务重组，重组后媒体业务由担保有限公司新报业媒体信托以非营利模式运营。

拥有全球影响力的中文媒体。①

在创立之初，《联合早报》就开宗明义地指出："要使南洋星洲联合早报成为一份在这瞬息万变的世界中能迅速正确报道新闻的报纸。我们将……尽快取得大家需要和应该知道的各地新闻而忠实地加以报道，不夸张、不渲染、不武断、不歪曲。"② 对"四不"原则的坚持帮助《联合早报》塑造了一个客观公正的中立形象，也使其在世界中文媒体中始终占据前沿位置。

从整体报道风格来看，该报以中性的客观报道为主，较少表达主观价值倾向的内容，在对待正面或负面报道时较为谨慎，即使是在转载别国媒体稿件时也较为注重报道的客观中立，始终致力于向新加坡本土社会和海外华人世界传播中国正在发生的事实，避免因某种主观倾向而影响其在世界中文媒体界所塑造起来的中立形象。

从与政府的关系来看，该报遵循着"不与政府对抗，不挑战政府的权威，但也不做政党喉舌"的基本理念，③ 以保证自身客观中立的形象。同时，在报道相关政策时严格依法行事，尤其是在报道一些敏感话题时，如族群政治、语言政策及宗教政策等相关议题，始终遵守法律底线，不挑动任何矛盾和冲突。此外，在报道过程中也会更加注意方式，以中立、客观、和缓的方式来表达和传播一些敏感议题。

---

① 杨晓青：《〈联合早报〉的立报原则与对外传播的价值取向》，《国际公关》2022年第3期。
② 《我们的话》，《联合早报》1983年3月16日。
③ 周兆呈：《新加坡公共政策传播策略：政府如何把握民意有效施政》，民主与建设出版社，2015，第53页。

在新冠病毒大流行突发事件的背景下，《联合早报》等当地主流媒体尤其关注中国政府对该突发公共卫生事件的应对，以及在此期间中国的经济发展与公共外交等，大幅进行相关主题的涉华报道。相关涉华报道反映出，新加坡社会对中国发展持肯定态度的同时，也在时刻观察大国变化的局势，适时布局以应对国际环境的变化。① 另外，新加坡社会的对华舆论也在一定程度上受到当地主流媒体对华报道的影响。

（二）主要内容

从《联合早报》的报道内容来看，除本地新闻外，与中国相关的报道占比最高。该报专门设有"早报中国""中国新闻"板块，社论中也有较多与中国相关的内容，凸显出该报对中国新闻和当代中国发展的高度重视。这一点从早报网的板块设置上也可见一斑。早报网设有九大主板块，其中"即时""新闻""观点""专题""财经"等板块下常设中国相关的子板块，如"专题"下设"中国政情""中美关系""台海局势""香港政情""中日关系""新中交流"等子板块。

从新闻稿件来源来看，该报刊登的新闻以自采稿为主、转发稿为辅。转发稿主要来自大陆媒体、港台媒体和西方媒体，其中大陆媒体主要包括新华社、中新社、国内各大主流报纸以及网络媒体等，港台媒体主要包括《南华早报》《中央时报》《大公报》等媒体，西方媒体主要包括西方主流媒体的通讯社，如美联社、法新社、路透社等。此外，还有少量转自其他国家媒体的

---

① 陈雅赛、余淑妮：《后疫情时代新加坡媒体话语中的大国崛起——基于〈联合早报〉涉华报道分析》，《公共外交季刊》2021年第3期。

新闻报道。该报有关中国的新闻报道中自采稿的数量呈现逐年上升的趋势，这在一定程度上体现了新加坡媒体对中国新闻的关注度在逐年提高。

在新闻议题方面，《联合早报》对中国新闻报道的涉及面非常广，包含了中国的方方面面。据分析，2011~2015年，数量分布排在前六位的议题包括政治外交成就（25.4%）、经济发展（19.5%）、社会民生热点（12.1%）、科技成果（7.6%）、灾害事故（5.5%）、中外文化交流（5.1%）。[①] 具体来说，"政治外交成就"类议题主要包括对中国所取得的系列政治外交成就的报道，如《全面推进依法治国　人大今年将修订多部法律》（2015年3月10日）、《赴革命圣地和港口城市　习近平访圣地亚哥有重要意义》（2014年7月24日）等。可以看出，《联合早报》对中国的政治外交类议题有较高的关注，尤其关注廉政建设、中国领导人言行、政治体制改革等方面。这也从侧面反映了新闻媒介强烈的意识形态色彩。"经济发展"类议题主要包含对中国所取得的经济发展成就的报道，如《中国经济迈向可持续增长的一年》（2012年2月18日）、《中英将签署总值640亿元合作协议》（2015年10月22日）等。近年来中国与新加坡在诸多方面展开合作，新加坡在中国许多地区都有项目合作计划，随着中新两国贸易的日益频繁，该报经济发展相关议题的报道量也在不断增加。这也体现了媒体的务实精神，《联合早报》对中国经济发展的重视是建立在本国经济利益基础之上的。"社会民生

[①] 秦婧：《新加坡〈联合早报〉对中国形象的建构研究（2011~2015）》，重庆大学硕士学位论文，2017，第15页。

热点"类议题主要是对中国社会发展中存在的矛盾和冲突的报道。"科技成果"类议题则在整体上对中国所取得的科技进步与科技成果进行了肯定。"灾害事故"类议题是《联合早报》对中国发生的重大灾害事故的直接报道。"中外文化交流"类议题的报道主要关注愈发频繁的中外文化交流活动。

随着"一带一路"倡议的提出与发展，全球各大新闻媒体争相对"一带一路"进行全方位多角度的报道，《联合早报》也不例外。据统计，2014~2019年，该报"一带一路"相关议题的报道数量达1929篇，且呈现继续增长的趋势。[①] 其报道主题主要有倡议介绍、经贸建设、社会文教、高层活动和反应评价五大类。其中，反应评价类新闻报道数量最多，其次是经贸建设类和高层活动类。

在"一带一路"相关反应评价类新闻报道中，《联合早报》主要关注两方面的内容。一是世界各国对"一带一路"倡议的看法和态度，着重关注包括本国在内的东盟各国以及中美等国的意见与评价，主要内容包括对中国提出"一带一路"倡议的未来发展、目的、意图和动机的看法，如新闻评论《陈振声：中国应抓"一带一路"契机构建更完善的全球经贸体系》（2018年1月25日）一文中引用了新加坡总理公署部长陈振声的观点，即"'一带一路'更重要而深远的影响是它有可能带动构建一个更为紧密和融合的全球经济体系，从而推动全球经济进入新的时代"。二是国际关系对"一带一路"发展的影响，具体包括中美

---

① 李文杰：《〈联合早报〉"一带一路"新闻报道研究》，西北大学硕士学位论文，2020，第11页。

关系、中新关系、中国与东盟关系等对"一带一路"发展局势的影响，如《哈莉玛会晤习近平打造新中合作新名片》（2019年5月15日）中提到"共建'一带一路'是当前中新关系发展的最大机遇，双方要把共建高质量'一带一路'打造成中新合作的新名片"。

在经贸建设主题下，相关报道集中在设施联通、贸易畅通和资金融通等方面。《重庆市中新互联互通项目累计金额达356亿元》（2019年7月2日）介绍了中新互联互通项目在航空产业、金融服务、信息通信、交通物流四大主要领域开展合作的同时，进一步延伸到教育、旅游等其他相关领域，展现出"一带一路"在贸易畅通方面的影响。此外，该报相关报道还特别强调新加坡在"一带一路"经贸建设中发挥的关键作用，认为各国企业可以新加坡为基地，利用新加坡的环球网络，与其他国家和地区的企业建立起合作共赢关系。《新海丝为我国企业带来商机》（2015年2月14日）中新加坡太平船务有限公司董事张松声强调，"新加坡港水域深，风浪小，港口设备和服务完善，是全球海事中心，共有200多条航线通往全球600多个港口、100多个国家。这些航运优势可以让新加坡在新海丝建设中发挥重要作用。除了航运与物流，新加坡在金融、航空科技、生物医药领域也都有很强的世界竞争力"。

在高层活动主题下，相关报道呈现中国与他国领导人往来密切、两国关系友好的形象，以积极的态度对待中新关系，展现出中国与新加坡的政治联系加强、中新双方"一带一路"合作进展顺利的状况，如《哈莉玛会晤习近平打造新中合作新名片》（2019年5月15日）、《驻新中国大使：新加坡为"一带一路"

发挥示范效应》（2018年8月16日）、《会见福建省委书记尤权　李总理希望推动与厦门交流合作》（2017年9月22日）、《意大利成七国集团首个加入"一带一路"国家》（2019年3月24日）等。

倡议介绍主题相关报道多来自中国媒体，包括官方报道和专家分析等，主要是对"一带一路"倡议的核心内涵进行阐释，如《共绘"一带一路"工笔画》（2019年4月30日）的作者王灵桂就是中国社会科学院国家全球战略智库研究员。该报道介绍道，"一带一路"倡议在经过五年发展后，被赋予了"共建、共绘、共创"等新内涵。

社会义教主题下有大量科技人文交流、文化论坛、学生夏令营和旅游项目的相关报道，加强了对共建"一带一路"国家文化共荣、民心相通的宣传，凸显出"一带一路"的文化影响力，如新闻评论《印度驻广州总领事：文化交流将促"一带一路"民意相通》（2017年5月20日）中印度驻广州领事馆总领事唐施恩表示，"中国提出的'一带一路'倡议不仅将加强文化互通，更会促进民心的相通，为印度和中国提供彼此深入了解的机会"。

从报道体裁来看，《联合早报》在对中国进行报道时以消息和评论为主，通讯、深度报道和图片报道为辅。消息是该报对中国进行报道的最主要文体，涉及政治外交成就、经济发展、科技成果等多类议题。从中可以看出，该报对时效性较强的消息类新闻较为重视。评论和通讯体裁多用于民生问题的相关议题，针对相关问题准确还原了新闻原貌，并通过评价引导舆论。深度报道主要是对事件背后埋藏的原因进行较为详细的揭露与报道。图片报道则以记录事件实情为主。由此可见，关系到国计民生以及国人切身利益且能够突出新闻时效性的新闻事实报道占绝大多数。

就政治领域的报道取向而言，"人权""共产党员""民主""和平发展""一带一路"等成为该领域报道最常出现的词，反映出《联合早报》在意识形态领域对中国的关注重点与美英等西方媒体具有一定相似性，同时也时刻关注着中国的"和平发展"和"一带一路"倡议的相关进展。就经济这一议题而言，该报频繁使用"开放""经济改革""驱动力""世界市场""经贸合作""共赢"等词，折射出世界经济在经历2008年金融危机后的复苏期内以及过去三年的新冠疫情期间中国发挥的重要作用。就外交关系这一议题而言，"南海""台海""中美""中日"出现频次最多。此外，美国、日本、东盟等也是常出现的报道主体。具体而言，中美关系的变动很可能对新加坡产生直接影响，因此《联合早报》对中美两国外交关系格外关注。

据分析，2011~2019年《联合早报》与中国有关的新闻报道（共3752篇）中，中性新闻报道达1865篇，占49.71%，接近统计总量的一半；正面报道有1281篇，占34.14%；负面报道606篇，仅占16.15%。由此可见，客观中立的中性报道占据了样本总体最大比例。该报在对中国新闻进行报道时，最突出的特点是无明显倾向性地将新闻事件以消息的形式进行客观描述与传递，如《中共高规格纪念胡耀邦》（2015年11月21日）、《"习马会"新加坡登场震撼两岸》（2015年11月5日）等。这在一定程度上也代表了《联合早报》对中国所持有的价值立场，即相对客观、中立的立场。

三　宗乡社团文化生活领域

中文的应用与华族文化的传承不仅体现在新加坡华人的日常生活领域和大众媒体领域，也深入当地人的文化生活之中。在推动当地中华语言文化发展与传播的过程中，华人宗乡社团发挥了重要作用，他们通过组织普通话相关活动和方言文化相关活动，持续推广中文，弘扬华族文化与传统，在丰富当地华族精神文化生活的同时，致力于中华语言文化在新加坡的保留与发展。

（一）中华语言文化活动

新加坡华人宗乡社团在推动当地中华语言文化发展与传播的过程中始终扮演着非常重要的角色。1984年12月2日，新加坡福建会馆、潮州八邑会馆、南洋客属总会、广东会馆等185所华人宗乡会馆的代表发起了一场特别的研讨会，共同探讨"宗乡会馆如何在新的时代扮演更积极的角色"。研讨会上提议成立"新加坡宗乡会馆联合总会"（简称"宗乡总会"）[1]，致力于"领导各宗乡会馆，弘扬华族文化与价值观，通过建立紧密联系的宗乡会馆网络，促进社会和谐与凝聚力"。自1985年12月9日获准注册至今，已有超过200个宗乡团体加入宗乡总会，其中有主要由本土华裔组成的传统会馆，也有以新移民为主体的新移民社团。成立以来，宗乡总会充分发挥华人在地缘、血缘和业缘等多个领域的团结优势，不仅主办了"春到河畔迎新年""端午节嘉年华会"等中华传统文化活动，还举办了各类中文类、文化类和体育类比赛，积极资助中文和华族文化相关的学术研究，

---

[1] 资料来源于新加坡宗乡会馆联合总会官网，https://sfcca.sg/。

鼓励多元族群同胞之间的相互交流，以此提升华族文化的凝聚力，推动跨族群互动与社会和谐发展。此外，宗乡总会还与多家会馆合作，积极推动华族文化中心建设。新加坡华族文化中心为多元族群同胞提供了一个社区互动的空间，致力于推动本土居民和新移民融合，并通过展示与弘扬新加坡的多元文化，促进社会发展和族群和谐。[①]

由华人宗乡社团推动的中华语言文化相关活动已经形成当地极具特色的一种人文景观。自1987年新加坡实施以英语为第一语言、母语为第二语言的双语教育后，传统华校的中文教育体系逐渐退出历史舞台。为了应对这一社会变迁，许多宗乡会馆纷纷设立会员子女奖助学金体系，为当地中华语言文化的传承发展而奋斗。21世纪以来，宗乡总会及各成员单位开始与相关学术机构合作，举行各类与中文相关的竞赛，并增设多项与中华文化相关的奖项，以更加多元化的方式推进当地教育体制外的中华语言文化发展。

福建会馆自1984年开始举办"福建会馆属校小学生华文作文比赛"。2003年，这一比赛与"全国中学生华文创作比赛——新蕾奖""新加坡大专文学创作比赛"整合，合并成包括小学、中学、大专三个层次的文学创作比赛，并开始颁发"福建会馆文学奖"。[②] 截至2023年，"福建会馆文学奖"已颁发二十一届。2007年，该会馆开始在其下属的五所小学推行"双文化优选课程"，致力于培养对中文和中华文化感兴趣且精通中英双语的学

[①] 资料来源于新加坡华族文化中心官网，https://singaporeccc.org.sg/。
[②] 资料来源于福建会馆文学奖官网，https://www.shhk.com.sg/zh/shhk-literary-awards/。

生。2006~2016年，会馆共计投入180多万新元用于建设该课程，超1200名学生参与了该课程的学习。①此外，自2005年起，福建会馆还与新加坡华文教师总会合作，举办"全国小学华语讲故事比赛"。这一比赛致力于为当地小学生搭建展示中文演讲技巧的平台，培养他们对中文学习的兴趣。截至2023年，已有超过1800名学生参加该比赛。2023年的比赛更是吸引了来自76所小学的146名学生，以及1名在家自学的学生报名参加，反响热烈。

福州会馆也一直致力于传承与发扬中华文化，推动华族教育发展。1980年，该会馆开设"勤学奖励金"并面向会员开放申请，2000年增设"华文优越奖励金"，每年颁发的奖励金金额高达数万元。为激发年轻一代华人学习中华文化的兴趣，该会馆于1995年与新加坡华文教师总会联合主办首届"全国小学现场华文创作比赛"，希望让学生从比赛中了解自身的文化，促进交流并从中提高华文水平。自2000年开始，该比赛更是向"非华族"和"跨国跨地域"的方向扩展。2000年，比赛增设"非华族学生组别"，鼓励对学习中文感兴趣的非华族学生参与比赛。2007年，比赛开始跨出国门，与马来西亚柔佛州的"小学生现场华文创作比赛"采用同一套试题进行同步竞赛。2008年，比赛范围进一步扩展至中国福建的福州、屏南、古田等侨乡。近几年，该比赛更是进一步扩展至文莱。2024年5月17日，会馆将联合新加坡华文教师总会、新加坡作家协会、马来西亚福州社团

---

① 曾玲：《宗乡社团的推动与新世纪以来的新加坡华人文化》，《华侨华人历史研究》2018年第3期。

联合总会和文莱福州十邑同乡会共同主办第 28 届"全国小学现场华文创作比赛"暨第 15 届"新马文小学现场华文创作精英赛"。赛后，福州会馆会将所有参赛的优秀作品汇编成《笔耕》出版发行，并推广到新加坡各小学作为华文母语教育的辅助教材。

综上可见，由新加坡各宗乡社团开展的各类与中华语言文化相关的活动正稳步向更广泛、更具规模、更有组织性的方向推进，各社团之间的合作也日益紧密。这些在当地官方教育体制外的由华人民间社团推进的活动，大大推动了中华语言文化在新加坡的传承与发展。

（二）方言文化相关活动

在积极推动当地中华语言文化发展的同时，新加坡华人宗乡社团对当地方言文化的重振问题也极为关注。他们希望通过重振方言文化来唤起当地华族对祖籍原乡和宗乡社群的历史记忆，以增强社团的内部凝聚力。

在华人宗乡社团的推动下，当地方言文化相关活动的形态和内容呈现多元化发展趋势。21 世纪初，由各宗乡社团举办的文化节开始出现。"福建文化节""潮州节""广东文化节"等方言文化节逐渐发展成为福建会馆、潮州八邑会馆、广东会馆等宗乡社团制度化运作的品牌活动和重要内容。以福建文化节为例，2006 年福建会馆联合 26 所闽属会馆举办首届福建文化节，希望以此活动促进新加坡公民、居民和游客对当地华族和福建文化的认识与了解。2022 年 12 月，主题为"闽风、闽艺、闽味"的第七届福建文化节在福建会馆大厦隆重举行，通过视觉、听觉、味觉三种体验方式推出了"闽风恒传"文物展览、本地华族与福建文化表演及广受欢迎的闽味美食街等亮点项目。

从内容上看,由各宗乡社团举办的方言文化节不仅呈现了与"祖籍原乡"相关的地域历史和方言文化,还展示了"在地创造"的相关内容。第六届福建文化节的主题对联也体现了这一点。"千古闽南文化薪火相传,万家传统南洋齐聚相伴",这副对联充分展现了方言文化节的举办宗旨,即促进原乡文化传承和在地文化创造协同发展。另外,各宗乡社团也希望更多其他族群的同胞能参与到方言文化节的活动中来,以此来促进华族与其他族群同胞的沟通与相互理解,帮助新加坡社会各界更好地了解华族文化。

从参与人数上看,方言文化节的举办规模和影响范围有不断扩大的趋势。以潮州八邑会馆主办的"潮州节"为例,2014年潮州节的参与者多达十万人,其中不仅包括讲不同方言的新加坡华人,还包括来自祖籍地(中国广东)和马来西亚、印度尼西亚以及欧美地区等世界各地的潮州华人社团。由此可见,新加坡的方言文化节正逐渐成为一个以华人宗乡文化认同为纽带、在全球传播与展演的中华方言文化舞台。

除方言文化节外,南音、潮剧、粤剧、高甲戏、歌仔戏和客家山歌等来源于中国的方言戏曲艺术也曾经活跃于新加坡社会舞台。受社会变迁的影响,华人方言戏曲文化沉寂了一段时期,直至20世纪八九十年代才开始重振。2015年,多个宗乡社团下设的方言戏曲剧团受邀连续120天于韭菜芭城隍庙演出潮剧、高甲戏和歌仔戏等方言戏曲,在当地引起轰动。

当地宗乡社团在重振方言戏曲艺术的过程中始终扮演着重要角色。粤剧在新加坡的传播和弘扬就离不开广府宗乡团体数十年的不懈坚持。以冈州会馆为例，该会馆于1947年成立音乐戏剧部，为了培养粤剧艺术接班人，乐剧部还开设了粤剧唱腔、身段、基本功等培训班，招募并培养了大量粤剧表演人才。乐剧部不仅以"冈州粤剧团"的旗号在新加坡本地开展巡演，还积极与电台合作录制粤剧节目，并到我国的广东、香港以及泰国、马来西亚等国家与地区参与各类粤剧比赛与汇演等。广府宗乡团体对粤剧表演的推广，极大地促进了当地粤剧文化艺术的持续发展。

南音、歌仔戏、提线木偶等福建方言戏曲艺术文化在当地的重振和推广也离不开闽属宗乡团体的努力。以新加坡福建会馆为例，该会馆以古庙天福宫为舞台，通过福建歌谣、南音、歌仔戏、提线木偶等表演形式，向民众展示源自闽地的原乡文化传承，以及与在地文化创造的结合。2016年7月22～24日，福建会馆在天福宫举办首次"天福乐府——古庭院音乐会"，音乐会既有来自原乡闽南地区的古雅南音和台湾歌手表演的福建歌曲，也有著名华乐大师演奏的"闽风华乐"，还有本地创作的福建歌"福建人、做阵行"等。

当地客属宗乡团体也一直积极地保护、推广和发扬客家方言文化。南洋客属总会与其他客属社团从推广客家山歌入手，希望借此唤起"客家认同"，并将其作为维系新加坡与祖籍地、东盟地区乃至世界各地客家社群的文化纽带。2006年南洋客属总会设立客家山歌中央协调会秘书处，统筹协调客属社团中与客家山歌相关的推广工作。让客家山歌走出新加坡，是当地客属社团推广客家山歌的另一途径。除不定期组织出国表演外，南洋客属总会还定期组织剧团参加"马来西亚客家歌乐节""梅州国际山歌节""两岸四地客家山歌凤岗邀请赛"等各地客家山歌汇演和比赛,并取得相当优异的成绩。历经多年的努力与坚持,新加坡客家山歌已经跨越国界,在世界各地传唱与发扬光大,成为如今新加坡客家社群跨国文化活动中的一项重要内容。

综上,新加坡华人宗乡文化传承自中国华南的方言文化。当地华人宗乡社团为重振方言文化而举办的各类活动,不仅有助于传承和弘扬华人宗乡文化和方言文化,亦有助于重新唤起当地华族对宗乡的历史记忆和对中华文化的认同。

四 语言服务领域

语言服务一般有狭义与广义之分,狭义的语言服务主要指翻译及本地化服务等,广义的语言服务则指使用语言及语言衍生品来满足社会需求的服务。[①] 语言服务为我们提供了观察语言生活的重要窗口,而要提高语言生活的质量也必须重视语言服务行业的发展。随着全球数字化和文化多元化的发展,语言服务作为一种重要的语言生活现象和生产性实践活动,在国家政治、经济、文化建设等方面发挥着重要作用。

据统计,如今全球语言总数超 6500 种,语言服务市场巨大。独立市场研究公司 Common Sense Advisory,Inc.(CSA)于 2017 年 7 月发布了《2017 全球 100 强语言服务供应商》(The Top 100 language service providers in 2017),共有 101 家(其中 2 家并列进入)语言服务和语言技术供应商进入这一排名。这些语言服务供应商的业务范围主要包括口译、笔译和本地化三个领域。该

---

① 李宇明:《语言服务与语言消费》,《教育导刊》2014 年第 7 期。

排名是 CSA 在综合评定各语言服务供应商的发展历史、年营业额、员工数量、办事处数量、服务质量、技术应用能力、行业影响力等诸多参数的基础上评定给出的。其中，新加坡公司 Verztec Consulting PTE LTD 被评为全球语言服务供应商第 28 名。除新加坡的公司外，中国 10 家（含台湾、香港各 1 家）、俄罗斯 3 家、日本 3 家和韩国 1 家语言服务公司也榜上有名。根据 CSA 的统计，新加坡 2016 年语言服务贸易额约占世界总贸易额的 0.6%。从语言服务贸易额来看，新加坡语言服务行业尚处于起步发展阶段，与新加坡对外贸易需求相比，仍有较大的发展空间。①

应急语言服务指政府、企业、社区及个人等多种主体针对突发事件事前准备预警、事中应急处置以及事后恢复重建中的语言需求而提供的语言产品和语言行动，服务内容包含多语种信息发布、救援沟通翻译、多语宣传、事件命名、舆论引导与谣言防控等。应急语言服务对于降低突发事件风险、提升救援效率、减少灾害损失有重要作用。作为一个多民族、多语言的国家，新加坡也在不断探索突发事件应急语言服务的提升路径。

新加坡民防部队在 2021 年推出第九版《民防紧急应对手册》，手册有英语、中文、马来语和泰米尔语四种语言的电子版。该手册是一本实用的参考手册，提供基本救命技能和知识，包括急救知识、防火安全知识、和平时期的紧急应对程序、战争时期的紧急应对程序和恐怖分子袭击应对等内容。根据民防部队

---

① 许明：《经济导向下的"一带一路"语言服务架构研究》，《语言规划学研究》2019 年第 1 期。

文告，相比2015年发布的第八版手册，新版手册不仅纳入心肺复苏术的施行方法，还更新了家庭防火安全清单，在储备必需品建议清单上，加入了手术口罩、N95口罩和消毒洗手液等，另外，手册还列出了遭遇电动车着火与太阳能光伏板着火时的注意事项。

在应对新冠疫情的过程中，新加坡中文媒体，如《联合早报》、联合早报网等，持续发挥突发事件应急语言服务的主体作用，以中文实时更新由新加坡卫生部（Ministry of Health）和新加坡跨部门抗疫工作小组发布的最新疫情发展和相关政策信息。

第三节　中文发展新貌

中文在新加坡这片土地上扎根发展，与当地的多种其他语言交织碰撞，历经时间的沉淀，逐渐出现了区域变异的现象，衍生出一种独特的中文变体，我们称之为"新加坡中文"。这种语言已成为当地华族共同语。作为现代汉民族共同语的一种区域变体，"新加坡中文"与中国大陆所使用的标准普通话在发音、词汇以及语法上都存在一些差异，这恰恰展现了中文发展的新趋势。这些差异的形成，与当地华人的方言背景有着深厚的联系，同时，英语、马来语等其他在新加坡广泛使用的语言也对其产生了影响。值得一提的是，"新加坡英语"，作为标准英语的一种区域变体，也吸收了中文普通话、各汉语方言以及马来语的元素，成为新加坡各族间交流使用的通用口语，并逐渐发展成一种富含新加坡特色的掺杂式语言。然而，这种掺杂式语言的广泛流行，正在潜移默化地改变着新加坡年轻一代华人的日常用语，这一现象已经引起了当地教育界和语言学者的高度警觉和深入研究。

一　中英文的接触与互动

多语的社会环境是语言接触的先决条件。社会语言学家认为，语言接触大致有四种结果：一是语言的同化；二是语言的借用，以词汇的输入和输出为主；三是语言的融合，即产生洋泾浜语或混合语；四是产生双语或双言现象。① 有学者认为这四种结果在新加坡华族社会的语言环境中均有所体现。②

当地华族常年生活在多语的社会环境中，多以中文普通话、英语和汉语方言进行沟通。在殖民地时期，包括峇峇华族在内的不少华人也能熟练使用马来语。这些语言在长期接触之下，产生了相互干扰和借用的现象，其中不同语言之间的词汇借用现象尤为突出。新加坡中文和英语也不例外，在吸收大量其他语言系统的成分之后，原语言结构也产生了一些变化。③

根据调查，当地华人的家庭语言已出现逐代转移的现象，老一辈在家里更多使用汉语方言和普通话，而年轻一代的主要家庭用语则逐渐转变为中文普通话和英语。随着"英语为本"的双语教育政策的推广，年轻一代华族的主要交际用语已逐渐由中文普通话转变为英语，在家里主要使用英语的小一华族学

---

① 游汝杰、邹嘉彦：《社会语言学教程》，复旦大学出版社，2004，第194页。
② 潘家福：《新加坡华社的多语现象与语言接触研究》，复旦大学博士学位论文，2008，第36页。
③ 周清海：《新加坡华语变异概说》，《中国语文》2002年第6期。

生由1999年的54%增加至2019年的71%。① 整体来看，当地华族目前最常使用的语言是中文普通话和英语。中文是华族群体的共同语，而英语则是各族群之间相互沟通的语言，二者在不同领域里发挥各自的作用，构建一个稳定的双语社会，而汉语方言所辐射的领域呈现式微态势。

在正式场合和书面表达中，当地华人倾向于使用规范的中文和英语。然而，在日常交流中，他们所采用的主要是口语——新加坡中文和新加坡英语，通常可以理解为标准普通话和英语的地域性变体。鉴于华人是当地最大的族群，中文和英语在全社会的使用频率相当高，这导致了两种语言间持续、广泛地接触，进而产生了双向的语言干扰和借用现象。同时，这两种语言也受到了汉语方言和马来语的一定影响。在多种语言交融的社会环境下，当地所使用的中英文在音韵、词汇和语法方面与标准中英文均存在一定差异。② 对于新加坡英语而言，它与标准英语在语法和词汇上存在显著差异。随着其使用范围的逐步扩大，如果没有外部干预，它很可能会演变为一种新型混合语言。相比之下，新加坡中文的情况有所不同。它作为汉语普通话的一种变体，对于熟悉汉语普通话的人来说，基本上能够理解新加坡中文，其变异程度并不明显，甚至在语音、词汇和语法方面已出现向汉语普通话趋同的趋势，缺乏混合语言的典型特征。

（一）词汇方面的特点

新加坡英语中有一些来源于其他语言的语气助词，主要包括

---

① 《欧进福：华语、华文、华族文化今后的发展》，https://www.zaobao.com/zopinions/views/story20191101-1001693。

② 这里我们主要以英式/美式英语和中国大陆的普通话作为参照标准。

第三章　新加坡语言生活中的中文发展

"ah""hor""lah""leh""loh""ma""meh""wat"等，这些语气助词大量出现于当地英语网上论坛中。除"wat"外，另外七个语气助词也常见于新加坡中文里。有学者根据这些语气助词的语音特点和语法功能，从中文（普通话）、汉语方言和马来语中找出了相对应的词，以此来推测它们的来源，其分析可参见表3-2[①]。

表3-2　新加坡英语中的语气助词

语气助词	来源
ah	闽南语、粤语、中文、市井马来语
hor	闽南语、粤语
lah	闽南语、粤语、中文、市井马来语
leh	粤语
loh	闽南语、粤语
ma	闽南语、粤语、中文
meh	粤语、潮州话
wat	粤语

句末的语气助词对语言的深层结构基本没有影响，其功能主要是为句子添加一定的感情色彩。因此，句末语气助词也最容易在不同语言之间相互借用。华人在使用新加坡中英文时，都习惯使用这些语气助词。闽南语、粤语作为新加坡华人社群里最广为流行的两种汉语方言，对新加坡中英文必然有着显著的影响。尤其是"meh"（咩）这个语气词，新加坡华人使用得非常广泛，而在其他种族的英语表达中并不常见，这说明新加坡华人在使用

---

① Lim, Lisa, "Sounding Singaporean", in Lisa Lim, ed., *Singapore English: A Grammatical Description* (Amsterdam Philadelphia: John Benjamins, 2004), pp. 19-56.

127

英语时容易受到汉语方言的干扰。常见于新加坡英语中的"wat",极少出现在新加坡中文中,一个主要原因可能是英文中有"what"这个与"wat"音近的词语,而中文中没有一个类似在音韵上接近的语气助词。

近年来,新加坡英语出现了另一个特殊的语气助词"ba",例如:

(1) I think, for new phone is like that ba. (SingaporeBrides.com)

(2) Hope to have some bonus ba. (Channel NewsAsia Forum)

上述语句中的"ba"加强了一种不确定的语气,作用就类似中文中的"吧"。这个"ba"显然是从中文的"吧"直接借用过来的。

新加坡英语也从不同的语言中吸收了叹词,如表3-3所示。这些叹词有的源自汉语方言,在新加坡中文里也是经常出现的。

表3-3 新加坡英语中的叹词

叹词	来源
wa piang, wo lao	闽南语
aiyoh(哎哟)	闽南语、中文、马来语
aiya(哎呀)	闽南语、中文
Alamak	马来语

早期的新加坡华人主要使用汉语方言沟通,因此方言对新加坡中文有较大影响。由于新加坡中文与汉语方言同源,当方言掺杂在其中时,我们往往只把它们当成一种语码夹杂的现象。汉语方言词在转化成为中文词汇时,往往需要借由一个与它相对应的汉语词汇来表示。这些保留在新加坡中文中的方言词大多与日常

生活用品和特殊名词有关，另外还有其他一些生动活泼的常用词语。这些词汇主要受到闽南语和粤语的影响，如表 3-4 所列举的例子。

表 3-4　新加坡中文中的方言词

新加坡中文	标准中文	来源
日常生活用品		
冰橱/雪柜	冰箱	闽方言
锁匙	钥匙	闽方言
底衣、底裤	内衣、内裤	闽方言
洗头水	洗发水	闽方言
锁头	锁	闽方言
脚踏车/脚车	自行车	闽方言
水草	吸管	闽方言
银角	硬币	闽方言
特殊名词		
豆花水	豆浆	闽方言
字	五分钟的单位	闽方言
龙沟	水沟/沟渠	闽方言
厝边	邻居	闽方言
肚腩	肚子	粤方言
滚水	沸水	粤方言
散钱	零钱	粤方言
老妈子	妈妈	粤方言
两公婆	夫妻	粤方言
其他常用词语		
烧	烫、热	闽方言
好采	幸亏	闽方言
大只	身材高大	闽方言
小力	轻	闽方言
摆乌龙	搞错	粤方言
跌眼镜	大失水准	粤方言

早在20世纪七八十年代前,这些方言词就已开始渗入新加坡中文中。这些方言词汇在中国香港、台湾地区和部分南方省份也较为常见,随着使用范围的扩大和使用频率的提高,一些常用方言词也逐渐被收入中国大陆的汉语词典中,成为现代汉语词汇的一部分,例如"买单""锁匙""脚踏车"等。随着"讲华语运动"的发展,新加坡中文与中国大陆普通话的接触越来越密切,部分方言词汇也逐渐被标准中文(普通话)词汇所取代,使用这些方言词汇的频率随着使用者年龄的降低而逐渐下降。例如,过去人们常用的"割车"(闽南语)、"头家"(闽南语),逐渐被"超车""老板"所取代。

除此之外,一些外来借词在融入新加坡英语的过程中,在新的语言系统里产生变化,这些外来借词可以和另一种语言的词汇搭配成一个紧密结合的新词组,在新加坡英语中展现了其丰富的灵活性,如表3-5所示。

表3-5 新加坡英语中外来借词的变化

词汇1	词汇2	新词组	含义
Beh(闽南语)	tahan(马来语)	Beh tahan	受不了
Blur like(英语)	sotong(马来语)	Blur like sotong	糊涂虫
Chut(闽南语)	pattern(英语)	Chut pattern	耍花样
Kena(马来语)	arrow(英语)	Kena arrow	被点中
Mana(马来语)	eh sia(闽南语)	Mana eh sia	哪里可以
Siao(闽南语)	on(英语)	Siao on	过分勤快
Win(英语)	liao(中文/闽南语)	Win liao	占了上风

一些外来借词也会逐渐具有典型英语词汇的语法特征,能够借由附加的词根产生形态变化,如马来语中的动词"Agak-

agak"原意为"估计",被新加坡英语借用后衍生出了一个新的名词"agaration",意思是"估计的能力"。其他语言的词汇被新加坡英语吸纳之后,也可能出现词性的变化,如闽南语词汇"Ah Beng",专指吊儿郎当的年轻男子。在新加坡英语里,"Beng"也可以当作形容词使用,如"So Beng one",形容一个人的言行轻浮、吊儿郎当。

综上所述,相对于新加坡中文而言,新加坡英语在吸收马来语词汇和方言词汇方面,具有较大的包容性。外来借词被新加坡英语吸收之后,往往充满了弹性与生命力,使用的层面也进一步扩大。新加坡中文则逐渐舍弃方言词汇,转而吸收大量的英语借词。这些差异的产生与语言的内部结构和社会因素有着密切的关系。

由于英语和马来语都属于拼音文字,因此,英语在借用马来语的词汇时无须经过文字上的转换。英语也可以根据其他语言中词汇的读音拼出相对应的英语词汇,在发音方面可以保留借词原念法。因此,英语的借词中外来音译词占很大比例。与之相反,中文所使用的汉字属表意文字体系,其他语言的词汇必须转化为四声分明的汉字,才算是完整地纳入汉语的系统。新加坡华人在口语中出现的方言词和马来词汇,往往被当成一种语码夹杂,而非新加坡中文的成分。这也说明了为什么新加坡中文中的英语借词较多是意译词。

由于新加坡中文和汉语方言同源,大多数汉语方言的词汇,在新加坡中文里都有明确对应的词汇,无须再从方言中借用。例如,闽南语和粤语中的"gan cheong"其实就是新加坡中文的"紧张"。因此,新加坡华人彼此在沟通时,可以完全使用新加坡中文交谈，不必和方言掺杂在一起。"讲华语运动"的发展更促使新加坡中文词汇向中国大陆普通话靠拢。而新加坡英语作为各族群共同使用的日常生活通用语，除华族同胞外，马来同胞和印度同胞也都在使用。马来语与新加坡英语的接触比起新加坡中文而言更为频繁。因此，新加坡英语中保留了许多马来语词汇。大量的汉语方言和马来语词汇在长期的使用中已经被各族同胞所接受，成为新加坡英语的成分。这些外来词汇不但增强了新加坡英语的表达能力，更让使用者在情感上觉得亲切，进而强化了使用者对新加坡英语的本土化认同。

（二）语法方面的特点

新加坡英语明显地吸纳了许多普通话和汉语方言的语法结构，这造成新加坡英语与标准英语在语法方面出现明显差异。早期新加坡华人在学习和使用英语时，受到普通话和汉语方言的制约和影响，他们的英语在语法结构上出现一些有规律的错误。而这些语法结构经过广泛的应用，在民间逐渐稳定下来，被越来越多的新生代华人所使用。另外，新加坡中文也受到英语和汉语方言的影响，表现出以下特点。

最明显的改变是虚词用法发生变异。在普通话中，"是……的"结构中的"是"用在所强调部分的前面，助词"的"则置于句末，如"这本书是最新的"。新加坡中文也用"是……的"，但也有省略"的"而单用"是"的情况，如"这本书就是最新，不用再找了"。

在副词的用法方面，"又"在普通话中只用于表示已发生的重复，所以后边的动词须带上"了"；"再"只用于表示未发生的重复，动词后边不能加"了"，如"他们昨天又去了一次故宫，明天还打算再去一次"。新加坡中文里"又"和"再"常常混用，如"我们参观了故宫，再参观了北海公园，才回酒店"，第二个"再"在普通话中应该用"又"。普通话中表示将来可能或主观意愿的动作重复，用"还"不用"再"，如"什刹海溜冰太好玩了，明年冬天还要去一次""吃了一碗，还想吃一碗"。而在新加坡中文中没有这个差别，这两句里的"还"都以用"再"。

在普通话中，"好"和"真"修饰的形容词常充当独立的感叹句的谓语，如"香山的红叶好漂亮""济南的冬天真冷"。但这样的主谓结构不能作为组成部分在句子里出现，例如，可以说"我觉得香山的红叶很漂亮/我觉得济南的冬天很冷"，可是不说"我觉得香山的红叶好漂亮/我觉得济南的冬天真冷"。由"好+形容词+的"作定语组成的偏正结构也是独立的感叹句，如"好漂亮的红叶林/好冷的冬天"。这类偏正结构也很少包含在句子里，如可以说"参观了很漂亮的红叶林/度过了一个很冷的冬天"，可是不说"参观了好漂亮的红叶林/度过了一个好冷的冬天"。此外，"真+形容词"总是作谓语或补语，不作定语，如不说"真美丽的景色/真好吃的食物/真吓人的电影"，而新加坡中文里完全没有这些分别。

普通话里有两个"没有"，一个是"没"加上"有"，是"有"的否定，例如"有作业—没有作业"。另一个是副词，和"没"相同，用来和动词搭配，是"动词（或形容词）+了"的否定，如"吃了—没有吃/没吃"。这个"没有"不是"有"的否定，所以不可以说"有没有吃？"而应该说"吃了没有？"。回答是"吃了"或是"没吃/没有吃"。台湾普通话和新加坡中文都以

"有没有吃"代替了"吃了没有",以"有吃"代替"吃了"。

在普通话中,代词作定语时,若中心词为身体的部分、亲属、机关或处所,则可不用"的",如"他鼻子""我奶奶""你们单位""她们宿舍"等。若中心词是一般名词,单说时须用"的",如"她的钥匙""你的杯子""我的钱包"等;在句子中时,则可以不用"的",如"你杯子呢?""她钥匙不见了""我钱包找不到了"。而在新加坡中文中这些地方都倾向于用"的"。

除虚词用法外,新加坡中文在句法结构上也发生了一些变异。上文提到,在新加坡中文里,"是……的"结构中的"的"字常常省略,根据该结构所标记的焦点成分的不同,大致在表3-6的几种情况下会省略"的"。

表3-6的例句中,"是"字后面的成分均表示对主语的描写或说明,该成分中的动词前常常是介宾短语,引入事情发生的时间、地点、方式、情状和因由等,有申辩或强调的语气。在普通话中,一般须出现"的"。而在新加坡中文里,当被标记的成分较长时,说话人到句末时有可能会忘记这个辅助判断的助词"的"。

表3-6 标记焦点类型与"是……的"结构中"的"字的省略

标记焦点类型	例句
时间	中国真正的瓷器,大概是从隋朝开始[的]。(《中国文化》)
地点	李显龙总理是在8月19日举行的国庆群众大会上宣布将强制50岁以下的国人购买年金[的],以保障晚年生活。(《早报星期天》2007年9月2日)
方式	你家里的电话是不是用你的名字登记[的]?(《非常日记》)
情状	从一个剧本创作的角度,故事其实是没有进展[的],起承转合失调。(《早报周刊》2007年9月2日)
因由	昨天举行的"骑士安全"活动是由交通警局与武吉巴督驾驶中心联合主办[的]。(《早报星期天》2007年9月2日)

在表示"做某件事的时间到了"时,新加坡中文常使用"是时候……"句式。例如"新加坡的语文教育政策和规划一路来备受争议,我们觉得是时候进行回顾、检讨和反思"(《联合早报》2007年9月27日)。在这类句子里,"是时候"后跟的都是动词性结构,所要表达的都是还没有发生的动作。但并非任何时候要做某件事都会使用"是时候……"的句式,比如吃饭、出门、上课等日常频繁发生的事件,就很少这样表达。该格式表达的中心在于:一是时间到了,二是所做的某件事对说话人来说有一定的重要性。尽管重要性有程度的差别,但是一般来说,动词所指代的动作会使情况发生变化,说话人通过使用该句式,意在指出采取新措施、改变旧状况的时候到了。有学者认为,该句式来自英语"It is time to…"的欧化格式。普通话中较少出现此类句式。

在普通话中,"是时候"通常做谓语,表达一个发生了的事件恰逢其时,或者将要做的动作"时机成熟"。也可以分两个句子来表达,先是陈述一个已经或尚未发生的事件,然后表达时间到了,"是时候了"要放在句子的后面。例如,"保护古建筑,维护长城应有的尊严,叫停不该有的'经营'行为,是时候了!"(《人民日报》2005年1月26日)。或者采用分裂句的形式,用"是VP的时候了"来表示,例如,"现在是解决南非问题的时候了,建立新南非的曙光已经在望"(《人民日报》1993年5月19日)。以《人民日报》为例,直到20世纪90年代,仍然没有一例"是时候VP"格式。2000年以后,普通话中才逐渐出现"是时候"的表达。由此看来,普通话中该格式使用范围较有限。

普通话中的选择问句通常用"还是"来连接选择项,而在新加坡中文中,除了"还是"外,也用"抑或"。例如,"院外的电影《恋恋风尘》大海报,是为了取悦游客,还是对侯孝贤导演的一种敬礼,抑或是老戏院的心情写照"(《联合早报》2003年9月1日)。

普通话里,"是不是"用于问句,后面可带名词性成分,"是否"则不能。新加坡中文里"是否"可带名词性成分,如"若想拥有个伴,是否非分之想?"。另外,"会否""有否""需否""要否""该否"在新加坡中文问句中也常常出现。

新加坡中文要表示两个事物相比,主要有四种表达法。如果用XY代表比较的前后项,A代表形容词性结构。四种表达式分别为:X比Y+A,XAY+数量词,X比Y+来得+A,XA+过+Y。其中,前两项是普通话和新加坡中文都有的,无须多说。后两项是新加坡的独特表达。例如:

(1)熟吃大蒜没有比生吃的效果来得强,但大蒜中的保健成分还是在的。

(2)在当歌手期间,由于推出过中英专辑,她接触的群众阶层来得更为广泛。

(3)少数命运坎坷的人,他们的人生永远悲惨过人生路途平坦的大多数人。

(4)国家面临困境,对他们的影响怎样大也大不过自己的切身问题。

双宾句是述语后有两个宾语的句子。在普通话里,述语后面首先出现指物的间接宾语,然后出现指人的直接宾语,形成"间接宾语直接宾语"格式。例如,"他的书一出来,就送了我一本"。

新加坡中文基本上也是上面的表达式。但是口语里的双宾句，在动词是"给"的情况下，通常是直接宾语在前，间接宾语在后，形成"直接宾语+间接宾语"格式，如"三九不识七，你凭什么给钱我？"

在间接宾语较简单的情况下，书面语里通常还是使用第一种格式。不过，在"给"的事物较复杂、音节数目较多的情况下，倾向于首先出现直接宾语，然后再出现间接宾语，如"求佛祖叫您老公给多一点钱我们就可以了"。

普通话里没有第二种格式，新加坡中文里的第二种格式受到粤语双宾句的影响。在粤语里，双宾句的语序是直接宾语置于间接宾语之前。近来，粤语的影响力渐渐不及普通话，第二种格式在新加坡书面语里更是越来越少见，只常见于一些通俗的语体作品中。

（三）语音方面的特点

在语音方面，新加坡电台和电视台新闻播报所使用中文在语音上与普通话非常接近，其中一个原因可能是不少新闻主播是来自中国大陆的新移民。但是，普通民众的日常口语，以及大众传媒在非郑重场域中（如综艺节目和反映当地风土人情的电视剧等）所使用的中文，则与普通话的语音、语调有着较明显的差别。对比新加坡中文和普通话在语音层面的异同，有助于进一步了解新加坡中文的语音和语流音变特征，包括声韵调的特征、轻声和儿化的处理、叠词读音、连读变调和特殊字音等，有助于全面了解新加坡中文、认识中文的国际化传播，能够为制定规范化原则提供参考。

在声母读音方面，普通话中有舌尖前音 z、c、s 和舌尖后音 zh、ch、sh 的对立，而中国南方方言中大多只有舌尖前音，无舌尖后音。受此影响，新加坡中文常把舌尖后音归入舌尖前音，即使用 z、c、s 分别代替普通话的 zh、ch、sh 声母，出现"舌尖后音前音化"现象，也就是我们平时说的"平翘舌不分"。舌尖后音归入舌尖前音的现象在新加坡中文中非常普遍，很多学者将此看作声母混淆或语音偏误。[1] 在当地的中文教学中，这也是语音学习的一大难点。此外，普通话中的声母 r 和英语中的辅音 r 在读音上并不相同，前者是舌尖后浊擦音，而后者是齿龈近音，有圆唇。受英语的影响，新加坡学生常把汉语含有 r 声母的音节读成英语的 r 音，如"人""然"的读音虽然仍是 rén 和 rán，但其发音方式往往含有舌尖抬高且带有圆唇的特征。这种读音形式在年长华人口语中是不存在的。

在韵母读音方面，新加坡中文常把后鼻音韵母 eng 和 ing 归入前鼻韵母 en 和 in。例如，人们常把"换乘"（huàn chéng）读成 huàn chén，或读成 huàn cén（舌尖后音 ch 前音化读成 c），把"应该"（yīng gāi）读成 yīn gāi。另外，新加坡中文也常把撮口呼韵母 ü 归入齐齿呼韵母 i，例如，把"与"（yǔ）读成 yǐ，把"寻"（xún）读成 xín。普通话中的复韵母如 ai、ei、ui、ao、ou、iu 等都是从前面的强元音向后面的弱元音移动，与英语双元音如 ei、ai、au 等不同的是，汉语的这个滑动过程较快，给人感觉仍是一个音，而英语中双元音的特征则更明显，听起来更像是两个音的组合。新加坡很多以英语为第一语言的学习者就常常按照

---

[1] 徐杰、王惠：《现代华语概论》，八方文化创作室，2004。

英语的发音方式来读普通话的复韵母。这种读音在年长华人口语中也较为少见。

在声调方面，与普通话相比，新加坡中文四声的调值较普通话要低一些：阴平44，阳平24，上声211，去声41或42。① 新加坡中文除了四个基本声调外，还存在第五声，这个声调是受汉语方言入声的影响而形成的，其音韵特征包括：它是一个下降调，调值通常是51，有时则是53；持续时间较短，听起来有"中断"的感觉；带这个声调的音节都有一个喉塞音的韵尾[ʔ]，此韵尾有时清楚，有时较模糊；这个塞音韵尾不但截短了声调的持续时间，也使音节的辅音韵头变为强音，因而近似浊辅音。

从音节上看，第一声的入声字最容易读成第五声。如把"一"读成短促的"亿"，"八"的读音听起来像"罢"，等等。据观察，这样的读音在年长的新加坡华人中仍很常见，但在年轻一代所讲的中文中基本消失了，这大概应归功于汉语拼音的教学。②

另外，新加坡中文中少有轻声，这一点已成为学界共识。普通话中的失调轻声词非常常见，这些词语的后一个音节受前面重读音节的影响发生音变，读音变得轻而短，从而失去原本的声调成为轻声。新加坡中文语音中基本不存在失调轻声词，普通话中的这类轻声词在这里一般会保持原字调。

普通话中以"子、头、夫、巴、们、么"等后缀收尾的词

---

① Chua, Chee-Lay, *The Emergence of Singapore Mandarin*: *A Case Study of Language Contact*, PhD. Dissertation, University of Wisconsin-Madison, 2003.
② 尚国文、周清海：《新加坡华语的语音与流变》，《国际汉语学报》2016年第1期。

语，通常是轻声词。而在新加坡中文中，这些词缀都不读轻声。这里有以下几种情况。以"子"为词缀收尾的词语，"子"的读音根据前一个音节的声调而分成两类。当"子"出现在阴平、阳平和去声音节之后，通常读成上声。而当"子"出现在上声之后，它的读音通常接近阴平，只是音长稍短一些。总之，词缀在普通话中通常读轻声，除"们"和"么"属于固有轻声词外，其他都并非固有轻声，它们在不用作词缀时都有自身的声调。在新加坡中文中，这些词缀一般都不读轻声。在普通话中，"头""夫"和"巴"本身并非轻声词，但用于构词词缀时常读作轻声。在新加坡中文中，这些词缀仍保留本调，不读轻声。在普通话中，名词复数标记"们"是固有轻声词。而在新加坡中文中，"们"一律读成阳平。"们"的这种读法在台湾普通话中也很常见。构词语素"么"在普通话中读轻声"me"，而在新加坡中文中，它的读音通常接近去声的"mò"。值得一提的是，新加坡中文口语中"怎么样"、"这么"和"那么"的使用频率并不高，人们更倾向于使用"怎样"、"这样"和"那样"。总之，词缀在普通话中通常读轻声，除"们"和"么"属于固有轻声词外，其他都并非固有轻声，它们在不用作词缀时都有自身的声调。在新加坡中文中，这些词缀一般都不读轻声。

在普通话中，用于名词、代词后面的方位词如"上、下、里、面、边"等，以及动词或形容词后用于表示趋向或变化的趋向词如"来、去、到"等，常读作轻声；而在新加坡中文中，这些方位词和趋向词仍读原声调，不读轻声。在普通话中，助词"的、地、得、着、了、过"等助词自身不带声调，一般认为是固有轻声词。在新加坡中文中，这些助词并非都简单地读作轻声。其中"的、地、得、着"的读音与普通话基本一致，是新加坡中文中比较典型的轻声词。需要注意的是，对于"得"和"着"，也有不少人读成阳平 dé 和去声 zhè。普通话中的"过"用作动词时读去声，作助词用时则读轻声。在新加坡中文中，助词"过"仍按动词读法念成去声，不读轻声。普通话中的"了"可表动作完成和事态变化，是典型的轻声词。而在新加坡中文中，助词"了"的读音有两种：一是句中动词后表动作完成的"了"，跟普通话一样读作轻声；二是句尾表达事态变化的"了"，在新加坡中文中常读作上声。此外，中文口语中还常在句末使用"了了"表达事态完结，这时前面的"了"读 liǎo，后面的"了"可看作语气词，读成 le。至于语气助词如"吗、吧、咩、咯、呢、啦"等，在新加坡中文中也读作轻声，这与普通话是一致的。总之，新加坡中文中的轻声词很少，只有几个助词和语气词可算作真正意义上的轻声词。对于普通话中的轻声词，新加坡中文主要采用保留原字调的方式来达到"去轻声化"。由于普通话中众多的轻声词在这里都处理成非轻声，新加坡中文的读音听起来与普通话有较大差异，但一般不至于影响理解。

"叠音词"指本身含有重叠音节的词以及某些单音或双音节词语的重叠形式。在普通话中，叠音词的读音有轻声和非轻声之分，这在很多时候跟词性和词的形式有关。如 AA 式的叠音形容词和副词（如常常、轻轻、刚刚），一般不读轻声，而很多叠音名词和动词重叠的后一个音节读轻声（如姐姐、宝宝、想想）。另外，ABB 式和 AABB 式叠音词都不读轻声，而 ABAB 式的动词重叠，处于 B 位置的两个音节倾向于读轻声（如了解了解 liǎo jie liǎo jie、商量商量 shāng liang shāng liang）。在新加坡中文中，叠音词不论词性和形式如何，一般都不读轻声。对于 AA 式叠音词来说，当前一个音节是阴平、阳平或者去声时，第二个音节追随第一个音节的读音，这实质上也是第二个音节保持原字调。

普通话的特征之一是儿化词语多。儿化指的是一个音节的韵母末尾带上卷舌色彩，是汉语中一种特殊的音变现象。"儿"除了在诗歌、散文等抒情类文体中可成音节外，一般不单独构成音节，而是与前面的音节相连发生音变，但"儿"字本身并没有实在的词汇意义。普通话中具体哪些词应该儿化，似乎没有严格的规律，大多是按照口语习惯来使用的。在新加坡，讲中文的人由于受南方方言发音习惯的影响，发卷舌音比较困难，即使读"二、儿子、女儿、而且、而已、耳朵"等词语时，往往也不卷舌，如"二"读出来接近"饿"，"儿子"的读音类似"蛾子"。在新加坡中文中，为了不增加发音负担，人们对于普通话中的儿化一般采取规避策略，尽量避开使用儿化词语。

二　中文的语码夹杂现象

在新加坡这个多元种族、多元文化、多元语言的国家，人们在日常生活中，不时有机会与其他种族、其他文化、其他语言接触。对华族而言，还有方言的应用问题。语言环境的复杂一方面为语言应用提供了不少便利，另一方面也造成语言表达上的一些混乱现象。最明显的便是在说话时掺杂几种不同的语言或方言，形成了令人叹为观止的语码夹杂（code-mixing）的情况。在新加坡，不同的人对中文中语码夹杂现象所持的态度也有所不同，社会上不时都有"讲纯正华语"的争论。

（一）口头语中的语码夹杂现象

新加坡口头语中语码夹杂的现象比书面语更为杂乱。使用的范围也更为广泛。造成这种现象的根本原因是新加坡是个以英语为主要教学媒介语及工作用语的国家，国人平时都习惯用英语来表达，一碰到中文里头没有对等的词或对等的词比较不常用时，就索性以英语来代替。常见的情况如表3-7所示。

表 3-7 语码夹杂现象举例

语码夹杂现象类型	例句	例句释义
中文中夹杂纯粹英语的词汇	等一下我要搭 bus 到 Interchange，你要不要我帮你去 KFC 买 fried chicken?	我待会儿要坐公共汽车去公共汽车转换站，你要不要我帮你去肯德基买炸鸡？
中文中夹杂汉语方言词汇	(1) 他讲话很喜欢"酸"人，得罪了人还不知道。 (2) 你可以不要"家婆"吗？都不关你的事。	(1) 他说话很喜欢讽刺人，得罪了人还不知道。（"酸"是闽方言中的词汇，意即"嘲讽"） (2) 你可不可以不要多管闲事？这事与你无关。（"家婆"是闽方言中的词汇，本是指家中女性最长者，也指管家婆。在传统家庭里，这种女性权力大，大小事都管得着，故而借用来形容爱管闲事的人）
中文中夹杂其他语言的词汇	(1) 打 salah! 都跟你讲没有这个人了，gila。 (2) 看你天天吃 roti-prata 这么惨！喜欢吃 sushi 吗？明天我请你去 Suntory，听说那里的 tempura 也不错。	(1) 打错（电话号码）了！告诉你这里没有这个人，神经病！（"salah"与"gila"分别是马来语中"错误"和"发疯"的词汇） (2) 看你每天吃印度煎饼怪可怜的！你喜欢吃寿司吗？明天我请你去灿鸟，听说那儿的天妇罗也做得不错。（Roti-prata 是新加坡人常吃的一种印度食品；寿司和天妇罗则是日本食物，灿鸟是一家日式餐馆）

续表

语码夹杂现象类型	例句	例句释义
多种语码混杂	甲："'好彩'Miss Woo 出 chicken pox on MC 两个礼拜,不然我就'死火'了,昨晚我去 Pub,回到家都已经'显'到要死,哪里还有力气去写 report？" 乙："就是说罗！Miss Woo 这样做很 unfair 的,她没有 reason 叫我们写 report, some more 是 last minute 才 inform 我们的,这下子我们可以 take our own sweet time, 慢慢写罗！"	甲："幸好邬小姐感染水痘,请了两个星期的病假,不然我就糟了,昨晚我去酒吧了,回到家都累死了,哪儿还有力气写报告？" 乙："就是嘛！邬小姐这样做有欠公平,她没有理由叫我们写报告,况且是这么迟才通知我们,这下子我们可以优哉游哉,慢慢写了！"

（二）书面语中的语码夹杂现象

新加坡中文语码夹杂的现象逐渐普遍，其使用的范围已从个人谈话领域逐渐扩大至大众传播媒体。书面语中夹杂较多的是中、英两种语言，而从搜集所得的语料来分析，可发现用语者之所以选择这样的表达方式，主要是因为他们认为它具有以下五种功能。

第一，凸显标题：在报章的标题中夹杂非中文的词汇以突出题旨。

（1）刀指受害人高喊要 Money（《联合晚报》）

（2）Small Office Home Office 家庭主妇也能创业（《早报周刊》）

第二，引录谈话：文章为了强调谈话的景象和气氛，特意把出现语码夹杂现象的谈话照录不误。

（1）他直言："……这是绝对'成龙式'的 Human Stunt，别人没法子学得来。"（《联合早报》）

（2）当剧情发展到张学友所演的胡狼，在狱中受尽狱卒欺辱，万念俱灰时，一名老狼仙突然出现开导他，先以福建话笑他："真干苦"，接着以马来语说："Taboleh Tahan"，看着绝望的胡狼没有什么反应，他又杀出一句"You are more stupid than me"……逗得观众禁不住哈哈笑了起来。(《联合晚报》)

第三，为了方便：对于人名、商标等不作任何翻译而直接用于行文中。

（1）这些奖品包括英国品牌 Burberrys 送出的 5 对 Bond Street 手表，每对价值 821 元。(《联合早报》)

（2）今天，世界上最矮的是 Mbuti 族人、Efe 族人以及非洲中部的一些矮人。(《联合早报》)

第四，使更清楚：为了把叙述或指示的事件、地点交代清楚，在行文后特地用另一种较为通行的话叙述。

（1）……他们和幼发拉底河（Euphrates）山谷的苏美尔人（Sumerians）都爱把紫水晶制成珠子……（《联合早报》）

（2）攻读生物学的人都知道，这是一种动物本能行为叫"行为反应"或是"条件反应"（conditioned reflex）。(《早报周刊》)

第五，求其达意：这种语码夹杂的方式除了求方便之外，更是有意的，希望读者能体会其中意蕴。

（1）美国新一代 ABC，告别中餐业、杂货铺，受高等教育，精通 PC……（《联合早报》）

（2）钱钟书先生的散文注重创造一些可以成为 quotable quotes 的警句……（《早报周刊》）

（三）语码夹杂现象讨论

新加坡华人社群在日常会话中的语言使用情况相当复杂。不同年龄层在语用方面已经出现了显著的代际差异，语言夹杂和语言转换现象非常普遍。有研究显示，当地老一辈华人仍具备使用汉语方言沟通的能力，而新生代华人则已逐渐丧失了这一技能。①

在语码夹杂现象中，名词在单词夹杂中占比最高。这可能与新加坡这个以英语为主导的社会环境有关。许多专业术语、地名、产品名称等，都以英语形式广泛应用于日常生活中。例如，有关教育行业方面的术语，如 practicum（教师专业实习）、form teacher（班主任）、NIE（新加坡教育学院）等。还有新加坡的地方名，如 Bedok, Pasir Ris，皆是从马来语而来，渐渐被新加坡人所共同使用。除此之外，还有机构名称，如 NTU（新加坡南洋理工大学）；社会上经常使用的名词，如 service charge（服务费）、shuttle bus（短程巴士）、message（手机简讯）等；还有食品的名称，如 French fries（薯条）、coke（可乐）、lemon tea（柠檬茶）等。这些词汇在中文中虽有对应说法，但新加坡人在使用中文交谈时往往直接使用英语词汇，这可能有两个主要原因：一是这些英语词汇在社会上已普遍流行，说话者在日常生活中经常接触并使用，即符合了"省力原则"；二是谈话双方都处于相同的生活环境中，无须刻意转换语码，否则可能引发理解障碍。名词在语码夹杂中高频率出现，可能还与英语名词的夹杂基

---

① 潘家福：《新加坡华社的多语现象与语言接触研究》，复旦大学博士学位论文，2008，第 105 页。

本不影响汉语语法结构有关，因此能够自然地融入中文句子中。此外，虚词中包含大量汉语方言语气助词，它们附着在句末，同样不影响英汉句子的语法结构，在新加坡华人会话中也频繁出现。

当地华人在与同一对象交谈时，即使在同一场合也经常转换语码并夹杂不同语码的词汇。由于大多数年轻华人具备双语能力且频繁接触和使用中英两种语言，在非正式交谈中，这两种语言的频繁转换和语码夹杂已成为一种无标记的选择。他们在会话中进行语码夹杂和转换的动因与功能复杂多样，可能受交谈对象、说话者年龄、社会阶层和语言态度等多重因素影响。多位受访者提到，在与华裔朋友或家人交谈时，尤其是在家庭环境中，他们更倾向于使用中文以拉近彼此距离；而在工作环境中，特别是当同事中有非华裔时，他们通常会选择使用英语。这种面对不同对象和场合时的语码转换在一定程度上反映了社会阶层和语言态度的差异。受当地语言政策影响，英语已成为上层阶级的惯用语，甚至被视为成功人士的象征。因此，许多华人在公共场合如官方机构、高级酒店等地会选择使用英语对话以彰显自己的社会地位。

总的来说，语码转换和语码夹杂已成为新加坡华人的一种独特语言习惯和特点。只要当地华族社群的语言环境保持稳定且双语教育继续发挥作用，这种以中英双语为主的掺杂式语言预计将持续对新加坡华人的口语产生深远影响。

小结与思考

受社会多语环境的影响，大多数新加坡华人掌握两种或两种以上的语言，他们中的大部分主要使用中文普通话和英语沟通，辅以汉语方言和马来语，言谈之间经常出现语码夹杂的现象，形成一种特殊的语言混合体。

在复杂的多语环境下，多民族和谐共处的社会需求与经济发展的客观需要促进了新加坡多种语言之间的频繁交互。中文在这里的应用深入生活的方方面面，尤其是在日常生活、交通和文化领域，新加坡中文产生了一些特有词汇。例如，在巴刹（市场）中的中文用语、公共交通相关的中文标识等，还有诸如"华校""邻里学校""华文B"等教育领域的特色词汇，以及"鞭刑""表面罪名"等司法领域的专业术语。其实，很多海外华语区所使用的中文在词汇上都和标准普通话存在不少差异。这些差异反映着不同华语区的实际生活情况和文化差异，丰富着中文的词汇库。同时，这些差异也处于动态变化中。因此，考察各地中文特色词汇及其流通情况，编纂全球华语词典，将有助于增进各华语区间的交流与理解。而新加坡中文无疑成为研究中文区域变体和探讨全球华语词汇特点的理想对象。

在家庭语言生活方面，新加坡华族社群总体呈现以下趋势：相对于汉语方言，中文普通话呈隆兴之势，呈现华族共同语的特质，英语作为强势语言的特点更加显著。英语已成为大部分年轻一代华人的第一语文；汉语方言，如粤语、闽南话、福州话、客家话、海南话等，在新加坡的影响逐渐淡化；中文普通话作为新兴的华族共同语，其地位逐渐由第一语文转为第二语文；年轻一代的中文水平呈下降趋势，受第二语文教育政策的影响，其读写水平普遍弱于听说水平。

相对于英语，中文虽身处弱势，但随着近年来中国的综合国力日益强盛，国际影响力越来越大，中外经贸往来和文化交流日益密切，中文的实用价值日益提高，特别是在东南亚地区，中文渐受礼遇和重视。而占新加坡人口大多数的华族，大多认同祖籍国文化，这在一定程度上助推了中文在新加坡社会的发展。

（一）新加坡华人的家庭语言生活

家庭语言生活不是封闭和孤立的，它在宏观层面上深受社会环境与语言政策的影响。家庭层面的语言规划往往映射出国家层面的语言政策导向。社会环境为家庭语言意识形态的塑造提供了基础，而人们对语言地位的不同认知则直接影响着家庭语言的选择。

新加坡"英语为用、华语为体"的双语政策促使华族家庭语言开始"脱华入英"，华人对中文作为母语的忠诚度逐渐减弱，对华族传统文化逐渐产生疏离感，其身份认同也逐渐发生转变。尽管官方始终强调英语和中文在国家语言资产中各司其职，具有同等重要的地位，事实却显示，中文正逐渐从家庭领域中退出——这一领域曾被语言规划学者视为濒危语言的最后保护地。[1] 当英语成为衡量一个人生存能力、专业能力和竞争优势的重要标准时，其重要性便不言而喻。在新加坡，英语及其背后所代表的"以英语为载体的西方文化价值体系"已经渗透到社会的各个阶层。整个社会形成了轻华重英的风气，年轻华裔的英语远比中文流利。年轻人倾向和仰慕西方文化，逐渐失去了对本族群的身份认同和文化自豪感。[2]

---

[1] 赵守辉、王一敏：《语言规划视域下新加坡华语教育的五大关系》，《北华大学学报》（社会科学版）2009年第3期。

[2] 崔东红：《新加坡的社会语言研究》，复旦大学博士学位论文，2008。

在新加坡华人家庭中，语言交际模式主要包括"以华语为主、兼用英语"、"以英语为主、兼用华语"以及"华语、英语并用"三种模式。[①] 汉语方言在家庭中的使用大幅减少，这既是政府推广"讲华语运动"的结果，也与祖辈的离世及转用华语有关。尽管华人家庭的父母普遍对方言持有较高的情感认同，但他们对子女学习方言一事大多持无所谓的态度，子女难以接触到方言的使用环境。

从家庭语言实践的角度来看，本土华人家庭正逐渐从中英文兼用过渡到完全使用英语。随着代际更迭，英语在未来取代中文成为家庭主要用语的可能性极大。然而，在新移民家庭中，父母高度重视子女的中文学习，他们认为中文不仅关乎华人身份认同，还会影响子女的未来发展。因此，这些家庭坚持在家中与子女使用中文交流。在跨国家庭中，父母利用自身的语言优势，坚持在家庭中使用双语。从家庭语言意识形态与认同的角度来看，当地华人家庭主要存在三种观念：坚持母语观、多元融合观（坚持华语与英语并用）和放弃母语观（脱华入英）。

（二）中文传承与多元身份认同

对新加坡华人社群而言，中文传承不仅承载着深厚的情感联系，还关系着身份认同的重要方面。从身份认同的角度来看，本土华人倾向于将自身定位为新加坡人，这一高位认同凸显了国民一体化和种族和谐的理念，他们认为国家认同优先于种族认同。而新移民则往往展现出双重身份认同，其国籍身份体现了政治归

[①] 薛炜俊：《新加坡华人家庭语言规划及认同研究》，暨南大学硕士学位论文，2019。

属，而中文则成为族群认同的重要标志，他们自豪地接纳"新加坡人"和"华人"的双重身份。对于新生代来说，由于他们年纪尚轻，身份认同尚未完全形成，因此更多以出生地作为判断自己身份认同的依据。

中文传承与文化认同之间也存在紧密的联系。新加坡华人保留着庆祝中秋、端午、华人新年等传统节日的习俗。相较而言，这些传统节日更受老一辈的青睐，新生代华人对祖籍国的节庆习俗的认知往往停留在表面形式上，缺乏对其所承载的价值观念、文化内涵和情感特质的理解和认同，这在一定程度上也影响了年轻一代对中文的保持和传承。

随着中国综合国力的稳步提升和"一带一路"倡议的逐步推进，新加坡对中英双语人才的需求日益升高，这与年轻一代的中文水平日渐低落形成对比。推动中文的传承与赓续发展，离不开家庭、社区和学校三者的联动。家庭是中文传承的最佳场所之一，重视中文在家庭中的应用与保持，在很大程度上有助于提高年轻一代的中文水平，增进他们对华族文化的认同。新移民家庭中父母可借助自身的语言优势，在家庭领域中积极营造使用和传承中文的氛围，保持子女使用中文的频次，鼓励他们维护自身的中文优势。本土华人家庭中父母可通过引导子女同时关注自身的国籍身份和种族身份，帮助他们建构多元身份认同，即在认可新加坡国籍身份的同时，也认同自己的华人身份。另外，学校也是中文教育的重要场所。学校可借鉴新加坡优秀的英语教学方法，并将其应用于中文教学中，还可通过举办各类中文比赛、鼓励本土人士创作优秀中文作品等方式，激发学生学习中文和中华文化的兴趣。此外，倡导语言多元化、平等对待每一种语言的社区环境也对中文的保持和传承有着重要影响。

（三）"一带一路"倡议下的中新语言服务

根据CSA统计的语言服务贸易数据，中国和新加坡的语言服务行业目前均处于起步阶段，相较于两国的对外贸易需求，该行业仍拥有巨大的发展潜力。自2013年习近平总书记提出"丝绸之路经济带"和"21世纪海上丝绸之路"（即"一带一路"）的重大倡议以来，沿线各国的语言服务行业迎来了新的发展机遇。在"一带一路"建设中，"政策沟通、设施联通、贸易畅通、资金融通、民心相通"是其核心内容，而语言相通则是实现这"五通"的基石和先决条件。为了有效推进"五通"，优质的语言服务成为不可或缺的"语言铺路"手段。然而，共建"一带一路"国家的宏观环境复杂多变，语言服务行业在迎来机遇的同时也面临巨大挑战。如何根据不断变化的宏观环境灵活调整服务策略，以便更迅速、更好地满足市场需求，成为语言服务机构亟须解决的问题。

在"一带一路"倡议的推动下，语言服务的发展应首先关注语言的区域分布特征，特别是英语、俄语、阿拉伯语和汉语这四大通用语种的推广和应用。同时，针对GDP排名靠前且与中国经贸往来密切的国家，如泰国、印度尼西亚、越南、马来西亚等，也应加强针对其官方语言的服务能力。此外，对于那些与中国地缘政治关系密切或资源丰富（如物产、能源、旅游、科技等）的国家，也应提供相应的语言服务。

值得注意的是，共建"一带一路"国家除了四大通用语种外，其他语种的语言服务市场尚处于培育阶段。因此，现阶段的重点是加强相关语种的语言教育，培养合格的语言服务人才。这不仅要强化四大通用语种的教育，还要根据经济贸易的需求进行专业细分，实现"中文+"专业教育的深度融合。同时，还应丰富共建"一带一路"国家小语种的教学内容，结合沿线国家的资源优势，开展有针对性的语言服务人才培养计划，以满足"一带一路"经贸和文化交流的需求。

作为"一带一路"倡议的发起国，中国在推动语言服务发展的过程中，应注重国际中文与中国文化的传播。中国与新加坡在此方面拥有广阔的合作空间。中国可以有序地推进海外的中文教育和中国文化传播工作，而新加坡则可以与中国及共建"一带一路"国家的大学合作，开展多层次、系统化的海外中文教育、中国文化教育和汉学研究。通过这种合作方式，中新两国可以促进各自语言服务行业的共同发展，进一步推动"一带一路"倡议的深入实施。

（四）东南亚华人的中文使用和发展趋势

与新加坡相仿，泰国、缅甸、马来西亚、印度尼西亚等东南亚国家的华人数量也较为可观，当地华人多使用中文普通话和汉语方言。在这些国家，中文的使用也与居住国语言形成竞争局面。在了解新加坡中文语言生活的基础上，观察分析东南亚华人的中文使用和发展情况，有助于我们进一步理解海外华人华侨的语言生活，探寻有效的中文教学和传播途径，促进国际中文传播与发展。

受不同居住国语言文化政策的影响，东南亚各国的中文使用情况展现出多样化的发展态势。在新加坡，华人虽占人口多数，华裔青少年的中文熟练度却呈下滑趋势。相对而言，马来西亚华人的中文掌握程度普遍较高。缅甸和印度尼西亚的中文教育，在历经曲折后，现已迎来蓬勃发展的新时期。泰国因其推行的多元文化政策，极大促进了华侨更好地融入当地社会。

与欧美地区相比，东南亚华人在语言使用上呈现一些共通性。研究显示，虽然大部分东南亚华人都知晓普通话，但能够流利使用的比例并不高；方言在该地区的华人社群中仍占据举足轻重的地位，其使用范围甚至超过了普通话，并显示出顽强的生命力。此外，绝大多数东南亚华人能掌握本国的官方语言，但掌握程度各有差异。在东南亚，学校教育是中文学习的主要途径，中文学习主要集中在儿童和青少年时期，且方言在华人社区中的影响力远超欧美等地区。东南亚华人对中文和中华文化怀有深厚的情感。老一辈华人华侨对中华文化有着强烈的归属感，即便出于工作等现实需要而更多地使用居住国官方语言，他们也不愿放弃自己的方言，并希望后代能继续学习中文，这也是一种情感的寄托。同时，随着所在国官方语言在华人社群中的地位逐渐提升，特别是在当地出生的年轻一代华裔，他们日益受到本土主流文化的影响，开始主动融入并积极学习所在国的官方语言。

东南亚华人的语言使用状况之所以呈现上述特点，可能是受到居住国的民族语言政策以及国际经济发展形势等多重因素的影响。首先，居住国的民族文化政策和语言规划对当地中文的发展起着重要的引领作用。当地民族文化政策的支持能够推动中文教育的快速发展。不同时期民族文化政策的变化也会对中文教育产生深远影响。其次，中国经济的迅猛发展和海外华人经济地位的提升，成为海外中文传播和发展的内在动力。特别是2000年以后，随着中国经济的崛起，中国与各国的贸易往来日益频繁，引发了全球范围内的"中文热"。再次，中国政府的支持和宣传推广也对海外中文的发展起到了积极的推动作用。例如，通过举办"中华才艺大赛"、"海外华裔青少年中国武术暨民族舞蹈夏令营"、"'汉语桥'世界大学生中文比赛"以及"寻根之旅夏令营"等文化教育活动，激发海外众多华人华侨子弟学习中文的兴趣，并加深他们对中国传统文化的了解和认同。同时，定期召开的"东南亚华文教学研讨会"和"国际华文教育研讨会"也为国际中文教育的发展提供了交流和研讨的平台。最后，华人后代对居住国的文化认同和身份认同也是影响语言使用情况的潜在因素。虽然华人第一代移民对故土有着强烈的眷恋，并愿意在文化传承上付出努力，但这种情感往往从第二代开始逐渐减弱。随着生活方式的改变和与居住国关系的日益密切，年轻一代的华人在情感上更倾向于将居住国视为自己的祖国，并积极吸收其文化和语言。这种文化认同和身份认同的转变使居住国通用语在华人后代中的地位逐渐提升，从而导致了语言使用情况的变化。

第四章

新加坡中文教育的学术研究

关于新加坡中文教育的研究，其不仅聚焦该国中文教育政策发展演变的历史进程，同时也关注该国语言文化教育的逻辑与特征。新加坡中文教育的研究演进契合了国家政治和经济议程的发展轨迹，在促进社会稳定与多种族关系和谐、塑造新加坡社会的价值认同与情感归属等方面做出了积极贡献。

随着中国综合国力的不断发展，以"中文教育"为主题的理论和实践研究越来越受到国内外研究者的广泛关注。其中，一些研究从宏观历史变迁视角，阐释了国家政策如何影响语言教育和语言生活，从而全面揭示了该国中文教育政策形成与发展的变迁逻辑；部分研究关注微观层面的教育实践课题，从教师、教材和教学方法等角度呈现新加坡中文教育的特色与改革历程；还有研究综合运用社会研究方法，对该国语言教育领域中存在的特殊现象与规律进行探讨和总结。新加坡华文文学传播研究也是一个历久弥新的话题，相关研究成果从文化属性和跨文化视角对华文文学在对外文化交流、国家形象塑造、海外中国学研究等方面展开了系统的探究和研讨。对既有研究成果进行梳理，有助于我们从不同维度、全方位了解新加坡中文教育的学术研究历史和研究现状，并对未来研究与实践提供反思和借鉴。

本章聚焦新加坡中文教育研究的文献分析，分别从中文教育研究历程、华文研究与实践、华文文学传播与变迁三个方面总结现有研究共识，分析研究特点，反思不足之处，以期对新加坡中文教育研究现状获得全面深刻的认识和理解，并对未来研究方向和趋势进行展望。

第一节 学术研究成果述要

一 文献的来源与选择

为了确保文献的客观与全面，本研究采用了跨数据库检索、多数据库文献合并、重复项筛选的文献采集流程。文献来源主要为中国国内和国际上较为通用的中外文数据库。其中，中文期刊论文主要来源于中国知网、万方数据和维普，外文期刊论文来源于 Web of Science、ProQuest、Ebsco 以及 Scopus，中文学位论文来源于中国知网和万方数据，外文学位论文主要来源于 ProQuest 和谷歌学术。其他文献，如中文会议文献、辑刊文献来源于中国知网，中文图书文献主要来源于读秀，并以标准书目网作为补充，外文图书文献主要来源于 Summom、谷歌学术，并参考亚马逊等购书网站。

采用关键词和专业检索公式，分别对不同类型文献进行跨库精确检索，同时利用 NoteExpress 软件工具进行重复文献的筛查。在此基础上进行必要的人工干预，以保证分析文献的准确性和科学性，主要包括：剔除无效文献，根据文献的内容和学术规范进行无效文献的筛查，剔除通讯类文献、无作者文献、内容与新加坡中文教育无关的文献，以及不符合基本学术写作规范的文献等；补充重要文献，对本领域学术研究较为活跃的专家进行专项检索，对本领域刊发相关文献但未收录于数据库中的辑刊进行专向补充。

根据前述文献检索和筛选标准，截至 2023 年 12 月，最终确定 1779 篇/部中外文文献作为研究对象进行总体概述、框架设计和探究分析。其中，中文文献 1622 篇/部，外文文献 157 篇/部。

二 基于基础数据的比较与分析

为进一步了解、分析和呈现新加坡中文教育各类文献的特征，本研究分别对期刊文献、学位论文、会议论文和图书等文献资料进行统计与分析。

期刊文献：来源分布广泛，跨学科属性明显。研究使用 citespace 和 Vos viewer 软件对中外文期刊文献进行分析和呈现。涉及新加坡中文教育研究的中文期刊中，"华文教育""国家认同""双语教育""文化认同""语言政策""母语教育""华语运动"等关键词出现频率较多。发文较多的机构主要包括厦门大学、暨南大学、广东财经大学、新加坡南洋理工大学、中央财经大学等。新加坡中文教育研究在教育学、语言学、文学、社会学、传播学等领域都具有扩散性。中文文献相对集中于教育学和语言学领域，《世界汉语教学》、《比较教育研究》、《语言研究》、《云南师范大学学报》（对外汉语教学与研究版）等刊载的文献相对较多。

与中文期刊相比，外文期刊数量相对较少，学科差异表现并不显著。*Asia Pacific Journal of Education*，*Chinese Language and Discourse*，*International Journal of Language & Communication Disorders*，*Journal of Multilingual and Multicultural Development* 等期刊刊载新加坡中文教育文献数量最多。外文期刊主要涉及语言学、社会学等领域，文献作者背景中华裔学者参与度较为活跃。

学位论文授予单位以华侨大学、暨南大学、山东大学为主。学位论文主题包括新加坡中文教学法、中文教材、华语语言学等。①

会议文献主要来自新加坡华文研究会自1989年主办的"世界华文教学研讨会"、东盟十国从1995年起每两年举办的"东南亚华文教学研讨会"等，议题主要包括东南亚地区中文教育的历史沿革、现实近况与未来愿景、东南亚各国中文教育与教学实践中的问题挑战与经验策略等。

三 基于研究内容的比较与分析

国家政策对新加坡的语言教育、语言生活等具有决定性的影响和作用。1965年建国时，拉惹勒南起草的《新加坡信约》成为建国后国家精神和国民身份认同的象征："我们是新加坡公民，誓愿不分种族、言语、宗教，团结一致，建设公正平等的民主社会，并为实现国家之幸福，繁荣与进步，共同努力。"李光

---

① 由于海外新加坡中文教育研究学位论文数量较少，暂不做统计与分析。

耀执政时期也多次在国内外演讲中涉及语言政策及价值观。[1] 政治家的语言生活与语言实践是影响一国语言治理的重要因素，语言生活通过语言意识形态间接或无形地作用于语言治理。[2] 李光耀的语言治理总体是公平公正、合情合理和远见务实的，他制定的语言政策为新加坡政治、经济、教育等方面的发展奠定了基础。[3]

从现实的角度来看，新加坡的语言生活存在很多不能忽视的现实问题：英语作为第一语文较为强势；不同种族对语言文化相连缺乏全面深刻的理解；对使用的语言缺乏发自心底且得到他人尊重的自豪感。[4] 如果英语成为新加坡人民认同的语言，各民族的语言将会面临极大挑战，若要破解母语所面临的挑战，就需要从教育实践的角度出发，其中一项重要措施是，在教育上规定母语作为必修课，作为升学的条件之一。该举措是新加坡双语教育制度的重要内容。[5]

以新加坡双语教育为主题，现有研究从顶层设计、政策实践、推广效果及中文教育历史考察等方面展开。顶层设计方面，新加坡教育制度、高等教育、职业教育、基础教育等主题的研究成果颇丰。新加坡教育制度与人才管理机制相对完善，政府高度

---

[1] 李光耀：《李光耀40年政论选》，报业控股华文报集团，1993。
[2] 张治国：《政治家的语言生活和语言治理——以新加坡李光耀为例》，《陕西师范大学学报》（哲学社会科学版）2020年第5期。
[3] WEE L. "Linguistic Instrumentalism in Singapore", *Journal of Multilingual and Multicultural Developmen* (3), 2010.
[4] 郭熙：《多元语言文化背景下母语维持的若干问题：新加坡个案》，《语言文字应用》2008年第4期；班弨、唐叶：《新加坡的语言问题》，《东南亚研究》2005年第6期。
[5] 周清海：《新加坡的语言教育与语言规划》，《中国语文》1996年第2期。

重视教育并予以财政支持，尊师重教广纳教育人才，教育分流制度有利于人才的全面开发与利用，教育制度为人才培养、激励及管理体制奠定了坚实基础。① 探讨该国教育制度和政策特点的研究成果不断涌现，精英主义、教育分流、公民素质培养等成为热点议题。新加坡的精英教育实践主要表现为针对不同学习水平的学生设置不同的课程，延长学制以及完善激励机制等。② 师曼等人着眼于价值观教育引领品格与公民教育（CCE）课程改革，探讨了该国政府将"我是新加坡人"的民族精神和国家意识作为核心价值观教育的首要目标，以实现新加坡的多样统一。③ 从国家政策导向出发，通过学校和社会教育等途径对中小学生进行国家意识教育，树立"我是新加坡人"的信念取得了良好的效果。④

　　李光耀曾在教师节大会中发表演讲，指出双语教育的重要性，"教育界的任务和政界的任务是一致的。新马的环境和其他东南亚国家不同。我们没有统一的民族，我们人民讲几种不同的语言，造成许多困难问题。当前我们的任务是：推行共同语，培养共同的感情……我们要推行一种共同的语言，但同时，我们也要给各民族教育自由发展的机会"。⑤ 从政府对教育制度多次进行调整的过程来看，双语教育一直是新加坡教育的基石。以英语

---

① 梁俊兰：《新加坡的教育制度与人才培养战略》，《国外社会科学》2005年第6期。
② 李晓明：《新加坡的精英教育》，《外国教育研究》2004年第8期。
③ 师曼、周平艳、陈有义等：《新加坡21世纪素养教育的学校实践》，《人民教育》2016年第20期。
④ 吴礼昌：《"我是新加坡人"——新加坡中小学的"国家意识"教育》，《外国中小学教育》2009年第4期。
⑤ 李光耀：《李光耀40年政论选》，报业控股华文报集团，1993。

为第一语文的双语政策自始至终保持不变,教学改革的重点主要针对母语的学习。① 新加坡双语教育的特征主要表现为适应多种族、多文化的实际国情,与语言政策相适应;以交际为主、启发逻辑思维;以素质教育为本质,传授语言与文化知识相融合等。②

双语教育政策不仅符合新加坡国内各族人民的利益和需求,还对巩固各族人民团结一致、和睦相处起到了积极作用,因此得到政府的充分支持。③ 与此同时,由于双语政策对英语的过分强调和重视,必然使其他各族人民的母语处于一种弱势语言的状态,由此也会产生一些消极影响,英语与其他官方语言的失衡状态可能导致传统文化的缺失。④ 双语教育政策为中文发展带来了机遇与挑战,中文使用国际价值的提升,海外师资引进提高中文教育师资水平,但同时中文教育体制不够完善、生源相对较少等也在阻碍中文教育发展。⑤

殖民统治时期的新加坡,教育只是少数人的专利,为数不多的公立学校以英语作为教学媒介语,目的是培养殖民政府英

---

① 袁锐锷、李阳琇:《论新加坡双语教育政策》,《外国教育研究》1999年第4期;董俊峰:《新加坡的双语教育与教育分流制》,《比较教育研究》1994年第3期。
② 罗爱梅:《新加坡双语教育课程标准及实施》,《课程·教材·教法》2003年第6期;王天舒:《新加坡的多语政策与双语教育》,《国际关系学院学报》2008年第1期;李晓娣:《新加坡双语教育对我国高校双语教学的启示》,《现代教育科学》2004年第3期。
③ 桑吉加:《新加坡双语教育模式及比较研究》,《青海师范大学学报》(哲学社会科学版)2001年第3期。
④ 黄岳辉:《略论新加坡的双语教育》,《外国中小学教育》2004年第6期。
⑤ 郝洪梅:《新加坡双语教育政策下的华文处境》,《国外外语教学》2004年第3期。

国商行所需要的专门人才。除公立学校外，各种族兴办的学校以母语作为教学媒介语，以本族文化传承和身份认同为教育目标。20世纪初，陈嘉庚等华社领袖，积极筹建中学，1919年3月华侨中学正式开学，直接使用商务印书馆、中华书局等出版的教科书，并从中国聘请教师。① 同时，各会馆也成为创办华校的重要力量。② 1920年，殖民政府实行学校注册条例，控制华校过度政治化，华校董事会、教职员工都纳入政府监管范围之内。

系统把握新加坡中文教育发展历程，还需将其置于历史与社会发展的大环境之中加以考察和审视。"讲华语运动"对该国中文教育发展具有重要的影响。现有研究多围绕"讲华语运动"的决策背景、基本目的、推广历程方式及成效展开。③ 1979年，政府为保留传统文化和价值观念，开展和推广"讲华语运动"。该国"讲华语运动"的实施与推广，促进了中文教育的发展，改变了家庭的方言环境，促进华语成为华族的共同使用语言；④"讲华语运动"所倡导的文化价值观极具新加坡特色，为华人提供了文化认同的根源。⑤

---

① 周洛嵛：《新加坡汉语教学的始末、目前处境及未来展望》，《世界汉语教学》1995年第1期。
② 汤锋旺：《二战前新加坡华人"会馆办学"研究》，《东南亚研究》2012年第4期。
③ 汤云航：《新加坡"讲华语运动"概述》，《承德民族师专学报》2008年第1期；郭佳、王显志：《新加坡华语运动的回顾与展望》，《长治学院学报》2005年第6期；阮岳湘：《新加坡华语运动和华人文化认同》，《广西社会科学》2005年第6期。
④ 卢绍昌：《新加坡的推广华语运动》，《语言文字应用》1998年第3期。
⑤ 阮岳湘：《新加坡华语运动和华人文化认同》，《广西社会科学》2005年第6期。

针对中文教育教学方法、模式特点、实践经验等主题的研究成果中，差异教学法、任务型教学法、游戏法、过程法等教学方法和模式的应用、实践与评估是研究关注的焦点。关于中文教育评估，相关研究围绕标准制定、课程设计、能力培养、成绩测试等多个主题展开。该国教育部课程规划与发展司委托新加坡华文教研中心开展针对中文教育课程标准制定与实施的评价性研究。研究主要分为学习评估与教学评估两方面，前者关注学生华语状况与学习前后的语言能力表现；后者关注华语课堂的教学实践、教师对新课程的期望及调适等。① 以量化方式对中文教育能力培养实效进行评估的研究成果也相对丰富。② 中文教育线上教学实践及技术赋能等问题，也逐渐成为研究与讨论的焦点，如Moodle华文网上教学平台的建设与应用，③ 翻转课堂理念在线上教学中的实践，④ 基于学习共同体的校本协同研究是提高教学质量、促使教师反思、促进教师教育技术专业发展的有效手段等。⑤

关于新加坡中文语言治理、语言智能、社会语言使用等问题，相关研究从语言学、社会学、经济学等角度出发，考察并呈

---

① 赵春生、吴福焕、张曦姗：《新加坡高中H2华文与文学新课程的评估研究》，《湖南第一师范学院学报》2015年第1期。
② 陈之权、孙晓曦：《新加坡小学一年级华文口语诊断评量表的开发》，《对外汉语研究》2013年第2期；王相、魏本亚：《新加坡PSLE华文基础知识命题设计特点探析》，《语文教学与研究》2020年第23期。
③ 孙莉：《Moodle：梦寐以求的华文网上教学平台——一名新加坡华文教师的Moodle应用心得》，《中国信息技术教育》2010年第13期。
④ 韦莹莹：《新加坡华裔儿童线上华文教学研究》，《文学教育（中）》2021年第11期。
⑤ 陈之权、黄龙翔：《基于学习共同体的"校-研-教"华文校本协同研究》，《现代远程教育研究》2012年第6期。

现其语言生活的风貌。语言状况、语言景观、语言生活关涉政治、人口、经济、文化和宗教等方面。① 新加坡掌握并使用中文的人群相对有限,传媒的发展增强了各地华语的互动,一方面在向普通话趋同,另一方面也保持差异化特征。② 新加坡华人社区的语言调查是探究当地语言生活的重要窗口,将语言行为和语言态度与研究进一步结合了起来。③ 语言生活和语言景观研究的重要议题还包括本地华语、华文实用课题,涉及口语交际、住宅和招牌命名、报章挽词贺词、广播语言、翻译评估等多个方面。④

新加坡华文文学、报纸等有关语言艺术的成果也不断涌现。诗歌、散文、小说等艺术形式能够体现新加坡中文的发展变迁,承载新加坡华人的情感与思想,折射历史进程与社会现实。新加坡中国学研究的规模逐渐扩大,表现在:研究范围从传统的语言、文学、历史、哲学拓展到中国的教育、书画、音乐、经济、社会改革等领域。研究人员数量激增,研究队伍逐渐形成;高等院校的中文系与专业性研究机构并存的局面逐渐形成;专门的中国学出版物逐渐成为新加坡中国学研究的信息交流平台。⑤ 其中新加坡华文文学研究包括综述、文学史、个案研究

---

① 崔东红:《新加坡的社会语言研究》,复旦大学博士学位论文,2008。
② 郭熙、崔乐:《对华语语言生活的观察与思考——暨南大学华文学院院长、海外华语研究中心主任郭熙教授访谈录》,《华文教学与研究》2011年第4期。
③ 徐大明、周清海、陈松岑:《新加坡华社语言调查》,南京大学出版社,2005。
④ 罗福腾:《新加坡华语应用研究新进展》,新跃大学出版社,2012。
⑤ 梁俊兰:《新加坡的中国学研究》,《当代中国史研究》2005年第6期。

等方面，理论相对集中于后殖民理论和文化认同的研究。① 围绕新加坡中文文学的影响等主题，研究认为中文文学对华人的本地认同感、民族文化认同感、身份建构等发挥着重要作用，同时也是探究和反映新加坡历史发展、社会变迁、文化属性的一种有效途径。②

新加坡中文教育发展与文化价值观、情感认同、身份建构等现实需求密切相关。20世纪80年代初，新加坡政府开始大力倡导融合新时代特征的、以现代新儒学为主的东方价值观，把对全体国民的东方价值观教育作为"治国之纲"。③ 儒家文化思想也深刻烙在新加坡中文教育实践中，包括重视传统文化教学、诵读文学经典等。1992年，《共同价值观白皮书》中正式把"家庭为根"确定为新加坡人所应奉行的共同价值观之一。1993年，新加坡政府针对家庭问题特别制定并公布了"家庭价值观"，其内容包括："亲爱关怀，互敬互重，孝顺尊长，忠诚承诺，和谐沟通。"新加坡政府坚持东方社会的文化传统，大力宣传家庭的价值，强调家庭的意义，促进家庭功能的实现。④ 当地中文教育的

---

① 赵颖、张莹：《20世纪90年代以来新加坡华文文学研究的趋势与问题》，《世界华文文学论坛》2011年第3期。

② 王润华：《文化属性与文化认同：诠释世界华文文学的新模式》，《深圳大学学报》（人文社会科学版）2006年第2期；今富正巳：《华文文学在新加坡和马来西亚的政治作用》，《华文文学》1996年第1期；刘小新、朱立立：《海外华文文学的后殖民批评实践——以马来西亚、新加坡为中心的初步观察与思考》，《文艺理论研究》2005年第1期。

③ 于丹、周先进：《新加坡东方价值观教育的制度性支撑及其启示》，《高等农业教育》2012年第10期。

④ 霍利婷：《新加坡"学校家庭教育计划"》，《外国中小学教育》2008年第7期。

实践对华人的母语能力、文化传承、文化认同、身份认同等方面都具有积极影响。[①]

从1990年起，中国国务院侨办等单位共举办了四届国际华文教育研讨会，《华文教学与研究》《海外华文教育》等杂志陆续出版。新加坡本土围绕中文教育状况研究、教学理论与方法研究、教材编写研究、语言测试评估、华语语言学研究等主题涌现了大批成果。如周清海《华文教学应走的路向》（1997）、《华语教学语法》（2003）、《语言与语言教学论文集》（2004）等，汪惠迪《华文字词句》（2002）、《新加坡报章华文应用200题》（2004），吴元华《华语文在新加坡的现状与前景》（2004），吴英成《汉语国际传播 新加坡视角》（2010），梁秉赋《新加坡华文教育研究》（2019）等。中新两国的学术交流也日益密切，涌现了更多跨学科的合作研究，共同推进了学术研究与知识创造活动。

第二节　中文教育研究历程

新加坡是以华人为主体的多民族国家，中文教育构成了其语言与文化教育中不可或缺的重要组成部分。作为传承华族文化、凝聚华人社会的重要工具，中文教育无疑具有重要价值。聚焦新加坡中文教育研究，一些学者从该国语言规划尤其是双语教育政策的视角

[①] 康志荣、王桂红：《海外华侨华人新生代民族文化的传承与培养——以新加坡为例》，《泉州师范学院学报》2015年第4期；朱文富、周进：《新加坡特选中学的双语教育及其历史经验》，《河北大学学报》（哲学社会科学版）2013年第5期；周杰城：《国家认同的建构：" 自主选择" 政策下新加坡华人对华文教育认同的转向（1956~1987）》，《惠州学院学报》2021年第1期。

探讨政策变迁对中文教育生存与发展所带来的冲击和影响，还有学者从微观视角分析了中文教育实践过程中面临的现实课题，包括课程标准改革以及与之伴随的教材、教学和教师改革等研究主题。

一　中文教育研究历史

从历史发展的角度对新加坡中文教育的发展脉络进行梳理，并对新加坡中文教育历经的阶段进行划分，代表性的老一辈学者有王秀南、宋哲美、许苏吾、郑良树等。这些学者对新加坡独立建国前的中文教育演进史、国家教育建设以及新加坡怎样以教育建国等问题进行了梳理和探讨。

王秀南所著的《东南亚教育史大纲》[①]和《星马教育泛论》[②]从教育的发展史角度对新加坡教育的形成过程进行了梳理。在早期的文化垦荒时期（1819~1867年），先民以传统教育为主，如华人的私塾、马来人的可兰经书塾，以及欧式英语学校；到了战前政府接办教育的时期（1867~1941年），政府逐步改革马来学校，经营印度学校，对华校的管理由放任逐渐转为管制；战时时期（1941~1945年），日本占领新加坡并强迫其国民学习日语；战后教育恢复重建时期（1945~1955年），殖民教育政策发生改变，战后教育得以发展；国家教育建制时期（1955~1965年），人民行动党政府对教育进行改革，劳工阵线政府兴建教育设施。

由于新加坡和马来西亚的历史渊源，20世纪50年代以前，

---

① 王秀南：《东南亚教育史大纲》，新加坡东南亚教育研究中心，1989。
② 王秀南：《星马教育泛论》，新加坡友联书局，1970。

两国的中文教育有许多相似之处，因此，一些中外学者把新加坡和马来西亚两国早期的中文教育看作一个整体，并合称为"新马华文教育"或者"马来西亚华文教育"①，代表作有宋哲美主编的《星马教育研究集》和郑良树所著的《马来西亚华文教育发展史（第一分册）》。在《新马教育研究集》中，多位学者对新加坡中文教育历史、师范教育、幼儿园教育、儿童教育等内容进行了研讨。②《马来西亚华文教育发展史（第一分册）》不仅是新马华文教育的发展史，也可以看作新马华族的发展史，从该书能够看出清政府和民国政府对新马中文教育的重视程度，当时新马各地的侨校大约有1600所，仅新加坡的华校就超过300所。③

20世纪五六十年代，新加坡中文教育出现衰落趋势，周南京在其著作《战后海外华文教育的兴衰》中总结了海外中文教育衰落的共性原因。④ 华侨纷纷改变国籍，使中文教育对象发生了改变，再加上一些客观因素的变化，中文教育对海外华人子女失去了吸引力。东南亚各国逐渐采取措施限制中文教育发展，一些国家甚至力图消灭华校。此外，战后在第二代和第三代华裔之间日益盛行"华文教育无用论"观点，这也成为阻碍中文教育发展的重要因素。一些家长认为中文不如英语有价值和作用，不重视子女的中文学习，只满足于子女会说几句简单的中文，认为

---

① 黄明：《新加坡双语教育发展史——英汉语用环境变迁研究（1946-2006）》，厦门大学博士学位论文，2008。
② 宋哲美主编《星马教育研究集》，东南亚研究所，1974。
③ 郑良树：《马来西亚华文教育发展史（第一分册）》，马来西亚华校教师会总会，2001。
④ 周南京：《战后海外华文教育的兴衰》，中国华侨出版社，1990。

他们只要不"数典忘祖"就行。传统的中文教育只注重与中国关系的一面，却忽略了海外华人的生存环境，难以适应社会发展要求。此外，缺乏师资、经费和教材等也给中文教育发展增加了许多现实困难。

二 中文教育政策研究

目前关于新加坡中文教育政策的研究，更多的是从该国语言规划尤其是双语教育政策的视角探讨其对中文教育生存与发展所带来的冲击和影响。在戴家毅等人的研究中，其通过对新加坡独立建国以来的中文教育政策的历史考察，对政策发展演变的历史进程、政策变迁的逻辑与特征以及主导和助推政策变迁背后动因的系统梳理和综合分析，全面揭示了该国中文教育政策形成与发展的变迁逻辑。新加坡中文教育政策经历了从中文学校的改制到中文教育的改性再到中文教学的改良的演变过程，政策变迁主要呈现以中文作为华族母语的定位为逻辑起点和发展基调、制度断裂与制度渐进两种路径交织、从语言的政治性到民族性再到经济性的政策取向变化等特征，国内外生存环境与语言环境变化、稳定的政治体制和实用理性的执政理念共同构成推动政策变迁与转型的内外动力因素。中国的崛起为新加坡中文教育带来了良好发展机遇，在不改变英语主导地位的情况下，中文教育将会得到政府和社会越来越多的重视，中文在社会上的应用也将愈加普遍。[①] 何洪霞等人的研究，从历时角度对新加坡中文教育政策进

[①] 戴家毅：《新加坡华文教育政策变迁研究》，《民族教育研究》2022年第2期。

行梳理，并分时期介绍了其中文教育规划的特点，研究将新加坡中文教育规划分为三个时期：一是殖民时期的语言规划，其特征是由分而治之逐步走向教育监管；二是自治与合并时期的语言规划，其特征是中文学校关门潮与复建潮并行；三是李光耀时期的语言规划，其主要成果为规范华族语言并制定双语政策。综观三个时期，新加坡中文教育逐步式微，英语逐渐成为社会通用语。①

还有一些研究从中新两国关系视角，分析新加坡中文教育政策的发展特点，并为中国提出可借鉴经验。黄岳辉梳理了新加坡双语政策的发展沿革，分析了双语教育的性质和特征，指出了双语教育发展至今存在的一些问题，并为中国的语言教育提供启示和经验借鉴。他认为新加坡实行的是一种不平衡的双语教育政策，对英语的过分加强，必然使其他各民族母语处于一种弱势语言的状态，也必然会产生一些消极影响，主要表现在功能性单语现象的产生和民族文化传统的缺失。② 郝洪梅等认为在新加坡家庭用语和社会用语中，中文使用比重下降，中文教育地位降低，这些现象都说明中文在新加坡处于"外语"身份。随着中国经济社会地位的提高，中文的国际使用价值也随之提高，中新两国贸易合作的日益丰富，以及海外中文教师的输入，这些变化都将推进新加坡的中文教育发展。③

---

① 何洪霞：《新加坡华文教育政策历时研究》，《语言政策与规划研究》2021年第1期。
② 黄岳辉：《略论新加坡的双语教育》，《外国中小学教育》2004年第6期。
③ 郝洪梅、高伟浓：《新加坡双语教育政策下的华文处境》，《东南亚纵横》2004年第10期。

三 中文课程与教材研究

中文课程标准的制定和教材的编写是中文教育的重要一环。中文课程标准由新加坡教育部颁布实施，约每 10 年进行一次大规模的更新，覆盖从学前教育到中学教育各阶段。目前学前、小学和中学教育阶段的最新课程标准分别于 2023 年、2024 年和 2021 年颁布实施。课程标准对课程内容、教材教法、测试评估等方面起到引导和规划作用，反映了当时的政治经济背景对社会语言环境和家庭语言环境的影响。

自 20 世纪七八十年代起，新加坡开始实施分流教育，根据综合学术能力对学生进行分流，分配至不同学习进度、不同能力要求的课程源流，因材施教。一些研究分析了分流教育体制对中文课程的影响。陈之权认为，鉴于英语是新加坡学校里的主要教学媒介语，学生掌握英语的能力便直接影响了其在学校的考试成绩。在分流教育体制下，学生的整体考试成绩决定了其能够学习什么程度的中文，整体考试成绩是指以英语为考试语言的母语以外各科的成绩。对于那些整体成绩不够优异的学生来说，即使他们中文成绩突出、中文能力强，但因为英语能力不足，他们只能修读低于自身能力水平的中文课程。教育分流剥夺了很多整体成绩一般但中文基础不错的学生提升其优势语言的机会，更从整体上降低了新加坡学生的中文水平。[①] 倪楠梳理了分流教育体制的演变进程及其对中文课程的双重影响。一方面，双语教育政策对

---

① 陈之权：《新加坡教育分流下华文课程面对的问题与挑战及改革策略研究》，华中师范大学博士学位论文，2005。

中文的推广大有裨益，对中文学校的建设发展、中文教师地位的提高也有推动作用；另一方面，分流教育体制始终以英语水平作为重要的评判标准，使新加坡社会中"英语为主，母语为副"的思想更加根深蒂固，大大降低了中文的地位。中文课程历经几次改革，却始终没有将小学和初中的中文课程作为一个有延续的整体进行审视。① 陈衍等人对新加坡追求效率的教育分流制度及其所带来的教育公平问题进行剖析，认为教育分流制度是一把双刃剑，一方面，其提高了教育效率，依据学生的能力和特点因材施教，因此被认为能够最大化社会效能；另一方面，如果把所有控制权抛给自由市场，则会导致教育不平等和社会分化。研究提出，近年来新加坡政府越来越重视分流制度带来的教育公平问题，致力于将追求效率的精英教育与追求公平的包容性教育相结合，促进教育的良性发展。② 翟涛等人对新加坡基础教育学制进行分析，认为其学制改革体现出促进教育公平、促进全体学生更好发展的趋势，但同时也面临公民阶层间存在不平等，以及不同背景及阶层学生社会融合的困难，该国将从 2024 年开始彻底取消初中阶段分流。③

课程标准的改革必然伴随教学理念和方法的转变。随着时代发展，课程改革反映的中文教学理念也从母语语文教学逐渐发展为第二语言教学，从重视听说读写技能均衡发展转向首要注重听

---

① 倪楠：《一体化框架下的新加坡中学华文差异教材研究》，华中师范大学硕士学位论文，2023。
② 陈衍、柯雨婷：《新加坡教育分流制度审视：新自由主义下的效率与公平》，《现代教育论丛》2024 年第 2 期。
③ 翟涛、冯永刚、王永丽：《从分流制度到科目编班的演变——新加坡基础教育学制分析》，《基础教育参考》2023 年第 7 期。

说技能，并以提升学生交际能力为中心转变。陈之权等人认为"乐学善用"是当前主导新加坡中文教学的主要理念。新加坡当前的中文教学重视结合学生的生活经验，目标是培养学生在实际生活中的语言运用能力。学生能力方面，逐渐重视培养学生的通用能力，尤其是自主学习能力和批判性思维能力。这体现了新加坡政府逐渐意识到中文教学不仅是语言的学习，更是技能的培养和文化价值观养成，这些理念对新加坡中文教材编写起到了深远影响。[1]

一些研究从国际比较视角，对新加坡和不同国家的中文教学标准进行比较研究。王祖嫘等人通过分析新加坡、加拿大和澳大利亚等主要发达国家的中文教学标准体系，总结共性特征，并为国别中文教学标准体系建设提出经验参考。[2] 吴勇毅等人通过将中国、马来西亚、新加坡和欧洲的四类字词标准与《国际中文教育中文水平等级标准》进行对比，探讨不同类别中文教育中字词等级分布的特点与差异。[3]

教材作为教师的教学参照和学生的学习依据，是影响教学质量的重要因素。随着教育体制与课程改革的进行，教材的题材、内容、结构、呈现方式和语言特色也会相应调整。目前关于中文教材的相关研究主要聚焦于中小学教材，研究主题涉及教材编写

---

[1] 陈之权：《新加坡华文教学新方向——"乐学善用"的实施思考》，《华文教学与研究》2013年第4期。

[2] 王祖嫘、何洪霞、李晓露、梁宇：《世界主要发达国家中文教学标准研究报告》，《国际中文教育（中英文）》2021年第6期。

[3] 吴勇毅、王喜：《从〈国际中文教育中文水平等级标准〉看全球中文教育字词等级分布——以中国、马来西亚、新加坡和欧洲为例》，《华文教学与研究》2024年第2期。

理念分析、词汇分析、插图分析、文化因素分析和易读性分析等。黄黛菁对1979~2007年新加坡官方出版的四套教材进行历时研究，讨论了这期间新加坡小学中文教材的四次重大改革，对教材的拼音、汉字、词汇、语法所呈现的特点进行梳理，提出教材中收录的基础词汇不足，忽视了生词的重现率等问题。[1] 袁宇玲以新加坡现行小学华文教材《欢乐伙伴》为研究对象，对该教材的词汇编写情况进行分析，发现相较新加坡上一版《小学华文》《欢乐伙伴》，词汇难度有所增加，但是低于2000年以前的《好儿童华文》，并在词汇的选取、重现率等方面有进一步的完善，词汇编排基本符合课程标准的要求，同时也存在词汇量过大、词汇增长过快，重现率较低等问题。[2] 谈颖瑜以新加坡《小学华文》奠基阶段（前八册）课文为研究对象，从课文体裁、内容和功能三个方面，探讨了不同课文主题和体裁在教材中的作用，以及教材编写中如何处理"交际功能"与"思想性和文化性"的关系。[3] 倪楠通过对新加坡新版中学华文教材《华文伴我行》中使用人数多的三套教材做内容归纳分析，发现了它们之间的关联性和差异性。三套教材的单元编排主题相同、板块内容互为借力、教学遵循同一流程、学习点滚动复现并且共同关注文化元素，不同之处主要体现在教学步骤建议不同、课文呈现形式

---

[1] 黄黛菁：《新加坡小学华文教材历时研究》，南京大学博士学位论文，2013。
[2] 袁宇玲：《新加坡小学华文教材〈欢乐伙伴〉词汇研究》，广州大学硕士学位论文，2023。
[3] 谈颖瑜：《新加坡〈小学华文〉课文研究》，暨南大学硕士学位论文，2006。

不同、框架搭建处理不同和语言的复杂度不同。① 胡维娜综合新加坡现行课程标准和教材内容，从课文内容和选材标准等角度对课文进行了分析和比较，认为现行教材主题丰富多样，课文内容富有时代气息，贴近学生生活，符合学生的身心发展特点。②

总的来说，随着科技的发展、社会与环境需求的变动、家庭用语的改变等，新加坡中文课程标准也在不断进行相应的调整、更新与改变。当前，新加坡中小学中文课程标准秉持"因材施教"的差异教学理念，新版教材采用一体化的设计框架，全面贯彻"以学生为中心"这一准则，依照不同学生的切身需要指导教学与实践。中文教材内容及选材跟随课程教学改革在不断调整，增加了反映时代特色和学生生活特点的内容，对落后于时代、不符合学生生活特点的内容进行删改，课文题材也考虑到新加坡社会生活特点，尽量贴近学生的现实生活。

四 中文教学与教师研究

中文教学与学习一直是学术界关注的重点，研究对象主要集中在中小学阶段的中文教学，也有部分研究面向学前中文教学展开。研究主题涵盖教学理念与方法、教学改革与创新等方面。周清海在研究中阐释了中文教学的特点，他认为在中文教学中，除了教授中文基础外，还应培养学生对华族文化的认同感。不同阶段的中文教学应各有侧重，小学应着重教学生识字而不是句型，

---

① 倪楠：《一体化框架下的新加坡中学华文差异教材研究》，华中师范大学硕士学位论文，2023。
② 胡维娜：《新加坡中小学华文课程标准及教材研究》，山东大学硕士学位论文，2012。

中学应重点教学生词汇而不是语言知识。不论哪个阶段的教学，都应强调对学生语言能力的培养，教学活动应始终以学生为中心。① 王永炳对新加坡学前幼儿中文口语词汇进行了研究，认为应从纠错方式、语言学习环境和家长支持等方面促进学前幼儿的中文学习。② 郭熙通过对比汉语和华语、语言教学和语文教育的区别，指出新加坡的中文教育兼具"母语教学"和"第二语文教学"两种性质。③ 杨侠通过对新加坡中学中文课堂研究，认为应积极推进科技资源在中文教学中的应用，推行"学习者为主体"的改革模式。④ 卢绍昌通过论述中文教育的发展优势和前景，提出科技发展对于中文教育所具有的推动作用，教师在教学中应积极利用科技手段以提升中文教学效果。⑤

还有一些研究从语言与文化的关系视角，对新加坡中文课程与教学的文化成效做出探讨。赵守辉等人的研究指出，新加坡儿童的家庭语言使用倾向和中文能力强弱与父母的社会经济地位和教育程度成正相关关系，新加坡政府在进行语言政策规划时，应注重中文语言地位提升和形象的建设，以增进中文教育成果，全

---

① 周清海：《从全球化的角度思考语文教学里的文化问题》，《华文教学与研究》2014年第1期。
② 王永炳：《新加坡学前儿童华语口语词汇》，《世界汉语教学》1990年第3期。
③ 郭熙：《普通话词汇和新马华语词汇的协调与规范问题——兼论域内外汉语词汇协调的原则与方法》，《南京社会科学》2002年第12期。
④ 杨侠：《新加坡中学华文课堂教学实施的特点及启示》，《现代语文》（教学研究版）2008年第11期。
⑤ 卢绍昌：《对外汉语教学中汉字教学的新尝试》，《彭城职业大学学报》1998年第4期。

面提高儿童中文语言能力。①

新加坡历来重视中文教师的培养，已有研究主要关注教师培训、职前教师教育、教师专业发展、教师教育政策和教师教育质量保障等方面。当地中文教师的发展既有新加坡教师的共性，又有中文教师的独特个性。刘振平指出新加坡中文师资培训是国家师范教育体系的一部分，其中文教师的独特性一方面表现为教师面临的双语教学环境的独特性，另一方面表现为教学对象的多样性与差异性。② 陈之权指出该国中文教师的背景十分复杂，这在一定程度上导致了他们语言水平、教学能力和文化素养等方面的差异性。例如，从年龄来看，年龄较长的中文教师普遍具有传统华校的教育背景，年轻教师大多具有中文作为第二语言的教育背景；从地域来看，一部分中文教师来自新加坡本地，还有一些来自马来西亚和中国。③ 余可华通过对新加坡教育体制、教育政策，以及中文专业课程、中文师资培训课程设置进行分析，梳理了当前新加坡中文教师发展特点，并总结海外中文师资发展的经验，包括政府主导、校际合作、保障机制、系统培养和教研融合等。④

通过以上分析可以看出，已有研究对新加坡中文教学和教师进行了较为全面且深入的分析，但这些研究以历史梳理和宏观评论居

---

① 赵守辉、刘永兵：《新加坡华族学前儿童口语语料库的生成》，《世界汉语教学》2007年第2期。
② 刘振平：《国际汉语教育师资培养策略的调整与模式的创新》，《海外华文教育》2012年第4期。
③ 陈之权：《从提高教师职能出发——新加坡华文教师专业发展的实施思考》，《国际汉语教育研究》2013年第1期。
④ 余可华：《新加坡华文教师教育及其启示》，《云南师范大学学报》（对外汉语教学与研究版）2017年第5期。

多，针对某一微观教育要素的实证类研究还较为缺乏，静态研究较多而动态研究较少。由于教育理念和教学模式的实践与效果呈现需要时间积累，而且教学会面临多种动态因素影响，因此，未来可运用动态跟踪式方法，形成更多更具时效性和科学性的研究成果。

第三节　华文研究与实践

随着经济全球化发展，语言逐渐成为提升国家整体竞争力的重要因素之一。对某种语言及语言使用者的需求增加，以及该语种国家经济实力的上升等，都会带动该语言的学习风潮，改变其在世界语言版图中的地位；而由此而引发的国家语言政策、教育政策的调整，又会反作用于语言的使用范围、使用态度和使用方式，甚至影响一代人的语言生活。

一　语言本体研究

（一）华文词语研究

在很长一段历史时期，"华文"在新加坡社会语言中的地位举足轻重。最早关于新加坡华语词汇的研究主要集中于对其特征的研究，侧重于对语言现象的描写，这是词汇研究的基础阶段。卢绍昌把华语词汇分为基本词汇和地方性词汇。基本词汇指的是跟其他地区相同的词汇，而地方性词汇指的是在本地区产生、发展并普遍使用，而别的地区不用或偶尔使用的词汇。[①] 在此基础

[①] 卢绍昌：《华语论集续集》，新加坡国立大学华语研究中心，1990，第287页。

上，卢绍昌指出，地方性华语词汇具有方言色彩浓、译词少、借词多、书面词汇多等特征。①

一些学者将研究视角聚焦于特有词语，深入分析了特有词语的概念内涵、分类和产生原因。汪惠迪从狭义和广义角度对特有词语的概念和类别进行了分析。从狭义角度，特有词语是指只在新加坡使用的词语，能够反映当地社会特有的事物或现象，如"组屋""华文课程"等；从广义来看，除了上述词语外，还包括一些跟中国的普通话异名同实的词语，以及中国大陆的普通话不用，但是新马及中国港澳台等地共用的词语。例如，"普通话"（中国大陆、港澳）、"国语"（中国台湾、港澳）、"华语"（新马）就是一组异名同实词语。垃圾虫（litterbug）——新马及中国港澳台五地共用、巴刹——新马两地共用。② 徐杰、王惠在汪惠迪研究基础上，对特有词语的概念作出进一步界定。而广义的特有词语是将该国华文跟中国普通话比较，只跟中国普通话词语不同的词语。③

周长楫、周清海对新加坡闽南话产生的影响进行了分析。该国华人中使用人数最多的方言是新加坡闽南话，在语音、词汇和语法方面与普通话都有较大差异。闽南籍华人习惯用自己的母语闽南话进行思维和说话，由此造成了新加坡闽南话对华文的影响。④ 余尚兵指出，新加坡华族在与其他种族的交往中形成了一

---

① 汪惠迪：《华语词汇规范的原则》，《联合早报》1990年10月16日。
② 汪惠迪：《华语特有词语：新加坡社会写真》，《扬州大学学报》（人文社会科学版）1999年第4期。
③ 徐杰、王惠：《现代华语概论》，八方文化创作室，2004。
④ 周长楫、周清海编《新加坡闽南话词典》，中国社会科学出版社，2002，第41页。

些特有的词汇与表达方式，产生原因包括多元种族的社会制度、多元种族的风俗习惯、多元种族的生活环境、文化的传播与扩展等。[1] 夏茜在研究新加坡特有词汇中，分析了日语借词进入新加坡华文的原因以及分类。自20世纪80年代中期起，不少日语借词随着日本的流行文化和尖端技术的传播与引进，出现在华文中，具体可分为意借词、音借词、复合词组和意音借词。[2]

还有一些研究将新加坡华文与中国普通话词语进行对比分析。汤志祥从公共交通、家用电器与科技产品、职业与身份、旅游与证件、日常生活等方面举例介绍了两者之间的差异。[3] 周烈婷对"手段、面善、紧张、帮忙、美、烧"六个词语语义蕴含和语法功能进行了比较，并探讨了"作用、本事、还"等词语在语言变体中的语义和用法的差别，指出新加坡当地华文不但受方言的影响，同时受到英语的影响，因此在词汇、语音、语法方面都具有一些与中国普通话不同的特征。[4] 周清海、萧国政指出两者的差异突出表现在三方面：一是词的意义相同，词形选择不同——同义词的词形选择差异；二是词形相同，义项选用不同——同形词的义项选择差异；三是词形词义相同，色彩和用法不同——同一词的使用选择差异。[5] 郭熙论述了新马词汇和普通话的主要差异，一种常见情况是名称相异但所指相同，即有些词

---

[1] 余尚兵：《多元文化与新加坡华文词汇发展》，《语文通讯》2002年第74期。
[2] 夏茜：《新加坡华语中的日语借词》，《语文通讯》2002年第75期。
[3] 汤志祥：《当代汉语词语的共时状况及其嬗变——90年代中国大陆、香港、台湾汉语词语现状研究》，复旦大学出版社，2001。
[4] 周烈婷：《从几个例子看新加坡华语和普通话的词义差别》，《语言文字应用》1999年第1期。
[5] 周清海、萧国政：《新加坡华语词的词形、词义和词用选择》，《中国语文》1999年第4期。

的词形选择不同，但词的意义相同，这属于同义词的词形选择差异；还有一种情况是名称相同但所指不同，即有些词虽然词形相同，但义项选用不同，这是同形词的义项选择差异；还有一些词的名称和所指均相同，但用法不同。此外，他还列举了新马词汇和普通话各自特有词语或流行语。① 贾益民、许迎春以新加坡《联合早报》为语料，收集了116例与普通话表达内容相同或相近但形式不同的特有词语，从结构和来源角度讨论了特有词语与普通话词语的差异，这些差异主要体现在缩略与否不同、造词语素选用不同、旧词语取舍不同、外来语翻译和吸收不同、粤方言词语吸收不同。②

（二）华文口语和语法研究

早期的华文语法研究，主要关注中国南方方言影响而呈现的特点。陈重瑜在研究中描述和讨论了因受中国南方方言影响而形成的特殊语法结构。③ 当地人偏好用"两"，很可能是受闽粤方言的影响。由于 er 的读音包含卷舌音，以南方方言为母语的人读起来比较吃力，所以人们更倾向于使用"两"来表达"二"的数字概念。除此之外，关于时间的表达，当地华文在表达"星期"这个时间概念时，除了用"星期、礼拜、周"等形式表达外，还常用"拜"来表达，这种用法很可能来自闽语。

随着新加坡语言政策和语言环境的变化，英语的影响逐渐增大，使当地华文越来越多呈现英语的特点。吴英成认为，由于新

---

① 郭熙：《普通话词汇和新马华语词汇的协调与规范问题——兼论域内外汉语词汇协调的原则与方法》，《南京社会科学》2002年第12期。
② 贾益民、许迎春：《新加坡华语特有词语补例及其与普通话词语差异分析》，《暨南大学华文学院学报》2005年第4期。
③ 陈重瑜：《新加坡华语语法特征》，《语言研究》1986年第1期。

加坡人的主要工作语言为英语，在政府文件、工商交往和科学研究中，均以英语为主，且英语被视为学校第一语文以及各科目的教学媒介语，因此，在新加坡日常生活和工作用语中，华英相混现象十分常见。[1] 一些研究揭示了新加坡华文语法受英语语法影响所呈现的特点。萧国政指出，新加坡华文中"了"的一些用法和"副词+形容词"的状中短语并列时只用一个副词的现象可能是受英语的影响。[2] 周清海认为，由于缺乏共同且成熟的口语，却建立了共同的书面语，因此新加坡口语受英语的影响远远超过书面语所受的影响。例如，"被"字句在口语里广泛应用，"马路被修好了"等常见说法，都是受外来影响而产生的现象。[3] 此外，尚国文的研究发现，有关数的表达里，当地华文中的"万"可以说成"十千"，如"三万"常被读成"三十千"，这种读法是受英语数字读法的影响。[4] 人们常使用"来临"做定语，表达未来的时间，意思是"即将到来的"，很可能是直接翻译自英语的"upcoming"一词。[5]

二 社会语言研究

语言作为一种社会现象，其产生、存在和发展，都与人类社会的产生、存在和发展有着密切的关联。从社会语言学角度来看，语

---

[1] 吴英成：《关于华语语法教学问题》，《语言教学与研究》1988年第3期。
[2] 萧国政：《新加坡华语虚词使用说异》，载陈恩泉主编《双语双方言（六）》，汉学出版社，1999。
[3] 周清海：《新加坡华语变异概说》，《中国语文》2002年第6期。
[4] 尚国文：《新加坡华语中的数词及其相关表达》，《华文教学与研究》2012年第4期。
[5] 尚国文、赵守辉：《新加坡华语的时间表达与规范》，《南开语言学刊》2014年第1期。

言与社会之间是相互影响、相互推动的关系。社会语言学所关注的内容，包括语言的社会本质、语言内外部规律的相互关系、民族共同语的形成和发展，以及语言演变与社会演变之间的互动等。

（一）语言转移研究

新加坡的语言转移是指该国华人从使用方言转向使用英语和华文。语言转移是双语教育政策和环境下产生的一种自然现象。关于语言转移的研究，一些学者对新加坡华人的语言态度和语言使用情况进行了调查。徐大明等人通过问卷调查法分析了新加坡华人对于不同领域的语言选择。总体来看，新加坡华人使用频率最高的语言是华文，其次是英语，使用方言的比例最小。而在语言使用态度方面，呈现年龄分层现象，年龄越小的群体越趋向于讲英语，讲方言的多为年长者。此外，受教育程度越高、社会地位越高者更倾向于讲英语。① 新加坡教育部2004年的调查结果显示，现代家庭使用的语言发生了明显的转移，年龄较小的一批学生更多来自英语家庭，而年龄较大的学生所使用的家庭语言主要是华文。而且随着年龄的增长，学生学习华文的兴趣逐渐减退，但在家中同时使用英语和华文的比例在逐步增长。②

一些研究针对新加坡华文使用及其影响因素，以及语言选择与身份认同之间的关系进行探究。何洪霞等人通过对新加坡华文社区语言使用情况的分析，发现华文社区内部可分为传统华校生和新移民两类群体，二者在语言使用方面存在明显差异，传统华

---

① 徐大明：《新加坡华社双语调查——变项规则分析法在宏观社会语言学中的应用》，《当代语言学》1999年第3期。
② 李光耀：《李光耀回忆录 我一生的挑战：新加坡双语之路》，译林出版社，2013。

校生偏好使用汉语方言，而新移民的华文水平和英语水平均高于传统华校生。研究还发现，语言技能本身差异、个人评估倾向和家庭语言规划等是造成新加坡华文社区语言使用情况呈现多元复杂特征的主要原因。① 此外，何洪霞聚焦华文保持传承的关键——华二代，对其语言使用与身份认同之间的互动关系与特征进行了深入分析。研究发现华二代个人语言偏好表现为华英并重，语言场域多元复杂，交际对象呈内外之别，华文接受性技能优于产出性技能，家庭语言规划坚持功利导向；在国家认同方面，他们更为认同新加坡；在族群认同方面，华二代更为认同民族国家维度的"新加坡华人"及"华裔新加坡人"而非广义的"华人"身份。②

语言夹杂（也称"语码夹杂"或"语码转换"）属于语言转移的研究范围，同样是在双语环境下产生的一种语用现象。在日常用语中，新加坡华人讲英语时夹杂华语或者讲华语时夹杂英语的现象都比较普遍，有时在讲英语或华语时也会夹杂一些方言词汇，这种情况在年轻一代华人中更为常见。一些研究者针对新加坡语言夹杂开展了研究。其中，陈美玲等人的研究重点分析了新加坡华语中夹杂英语、方言和马来语的形态与特点，以及语码夹杂的社会功能和修辞功能。华语会话中的语言夹杂不会妨碍新加坡华人与外界的沟通，语码夹杂者只在与具有共同语言背景的人交谈时才会使用夹杂语码。③ 黄明在调查中也证实了上述语言

---

① 何洪霞、吴应辉：《新加坡华语社区语言使用情况研究》，《民族教育研究》2021年第3期。
② 何洪霞：《新加坡华二代继承语使用及身份认同研究》，《云南师范大学学报》（对外汉语教学与研究版）2023年第1期。
③ 陈美玲：《新加坡华语中的语码夹杂现象》，《语文建设》1998年第10期。

185

转移和语言夹杂的现象,而且发现大中小学生转向使用英语的趋势更为明显,使用夹杂语言的现象更为普遍。①

(二)双语教育研究

新加坡独立建国后,为了促进国家认同和经济发展,李光耀在国内推行双语教育方式,即将英语作为共同语和第一语文,所有学生都必须学习英语,此外,不同种族学生还要把母语作为第二语文进行学习,形成英语为主、母语为辅的双语教育方式。关于双语教育,目前研究主要围绕其政策内容、教育实践和实施效果展开。

一些研究从历史角度出发,分析了双语教育政策形成和发展的政治、经济、文化等综合因素,使双语教育政策的研究更加深入。周清海探讨了在双语教育政策影响下,中文教育的发展变化。他在《华文教学应走的路向》一书中提到:"在新加坡实行非平行的双语教育制度下,英语重在实用,母语重在传递文化。各民族语言学校逐渐消失,以英语为主要教学媒介语的学校是英语和民族语言竞争的必然结果,因为当一种语言有更广大的效用和更高的价值时,学习的人必然多起来。但在英语的强大冲击下,双语教育制度为母语提供了一个浮台,使母语虽然受到冲击,却不至于没顶"。② 可以看出,周清海对新加坡双语教育的积极作用给予了充分肯定,这也体现在其《语言与语言教学论文集》中,他认为:"我国的双语教育政策,不只解决了母语的

---

① 黄明:《英语运动及华语运动与新加坡华人的语言转移》,《西南民族大学学报》(人文社会科学版)2013年第3期。
② 周清海:《华文教学应走的路向》,南洋理工大学中华语言文化中心,1998。

政治问题,解决了我国成长时代就业不平等的社会问题,也将不同的、两极分化的华英校学生,拉近了距离,而且在建国过程中,为母语提供了一个浮台,让母语保留了下来,更加普及化,并对我国的发展做出了贡献。虽然,我们的母语程度稍微降低了,但这样的牺牲也是无可奈何的事"。[1]

吴元华在《务实的决策——新加坡政府华语文政策研究》中全面系统地探讨了1954~1965年行动党政府的语言教育政策,该书认为双语教育政策因时制宜,既重视英语的实用价值,也保留了华语文延续的生命力,符合新加坡国家和人民近期和长远利益。[2] 另外,吴元华在《华语文在新加坡的现状与前景》一书中讨论了华语文的政治价值和华语文在新加坡的现状与前景,客观分析了双语教育的成效,总结了接受双语教育的新加坡华人在日常用语方面的语言转移趋势,即年龄越小者说英语的比例越高,受教育程度越高者和社会经济地位越高者,越倾向于说英语。[3] 郭振羽在《新加坡的语言与社会》中,从语言社会学角度探讨了新加坡的双语政策以及语言问题,包括社会语言情况的趋向、家庭用语形态、双语制度的建立以及大众传播在语言维系、语言推广和语言标准方面的功能等。[4]

一些研究分别从学者、教师、学生等视角对双语教育政策实施的效果与评价进行了探讨,既有对双语教育的全面考察与研究,也有动态下的冷静思索,进一步丰富了双语教育的理论与实

---

[1] 周清海主编《语言与语言教学论文集》,泛太平洋出版社,2004。
[2] 吴元华:《务实的决策:新加坡政府华语文政策研究》,当代世界出版社,2008。
[3] 吴元华:《华语文在新加坡的现状与前景》,创意出版社,2004。
[4] 郭振羽:《新加坡的语言与社会》,正中书局,1985。

践，特别是从文化视角对新加坡双语教育经验教训的讨论，提出了文化目标对双语教育政策的影响力问题。王学风所著的《新加坡基础教育》一书，对新加坡双语教育政策的实施效果进行了评价，她认为该政策不仅对提高国民的国家意识和各民族融合程度起到积极影响，也有助于提高人们的教育水平和文化水平。① 强海燕主编的《东南亚教育改革与发展（2000~2010）》一书中，阐述了新加坡初等、中等和高等教育的改革与发展历程，并肯定了双语教育政策在推动社会发展方面的积极作用。② 李文博等人基于国家认同视野对双语教育的背景和实施成效进行分析，他认为新加坡的双语教育政策形成了一个相对完整的政策体系，其指导思想是教育平等和语言平等，核心是英语作为共同语的确立，以促进文化交融、增加政治认同、保留传统价值、立足经济发展、体现时代认同来实现国家认同。③ 周杰城认为，新加坡在教育领域大力推行"英语+母语"的模式，期望以语言政策建构国家认同，其实质在于将语言文化与某一特定族群相剥离，避免特定语言文化成为特定族群的符号。新加坡实际上推行英语，本质就是越过主要族群另起炉灶，以新的文化超越多数族群语言文化，旨在缓解多数族群对国家文化的主宰。④ 王瑜等人认为新加坡双语教育政策是"语言资源观"价值逻辑的典型代

---

① 王学风：《新加坡基础教育》，广东教育出版社，2003，第59页。
② 强海燕主编《东南亚教育改革与发展（2000~2010）》，广东高等教育出版社，2010，第90页。
③ 李文博、王凤鸣：《国家认同视野下的新加坡双语教育研究》，《河北师范大学学报》（教育科学版）2019年第6期。
④ 周杰城：《国家认同的再造：新加坡华文教育政策研究（1946-1989）》，福建师范大学硕士学位论文，2021。

表。综观新加坡双语教育政策，其成功的关键在于新加坡政府始终将语言视为引进先进科技、吸引外资和促进国际政治经济往来的重要资源，明确了加强语言经济性与民族性深度融合的战略发展定位。①

此外，还有研究分别对新加坡双语教育政策的变迁进行了梳理，深入探讨了双语教育中存在的问题，使双语教育政策研究更加深入。黄明所著《新加坡双语教育与英汉语用环境变迁》一书，重点从语言教育方面着手，结合新加坡双语教育实践，介绍了国际上主要的双语教育理论与模式，并在此基础上梳理了新加坡双语教育发展的历史脉络。②余强等著的《国外双语教育的理论和实践》一书，探讨了新加坡双语教育政策存在的一些问题，并提出要加强中文教学与传统文化联系。此外，在新加坡的学校里，教学大纲和教学方法也需不断改进，以确保双语政策在不断变化的社会环境中的有效性。③

第四节　华文文学传播与变迁

诗歌、散文、小说等语言艺术体现了新加坡中文的发展变迁，承载着当地华人的情感与思想，折射历史进程与社会发展，与新加坡语言政策、社会环境、人口结构、阅读偏好等因素息息

---

① 王瑜、刘妍：《语言规划取向下双语教育政策价值逻辑分析》，《比较教育研究》2018年第11期。
② 黄明：《新加坡双语教育与英汉语用环境变迁》，厦门大学出版社，2012，第52页。
③ 余强等：《国外双语教育的理论和实践》，陕西人民教育出版社，2006，第168页。

相关。将华文文学研究置于中国文学海外传播、海外华文文学、海外中国学等不同的研究视角下，融合史学史、学术史、思想史等方法，能够更加全面、立体地考察其历史概貌、发展流变，并探讨华文文学的发展及其研究对新加坡中文教育、语言生活等的影响。

一 新加坡华文文学的流脉

东南亚华文文学的产生受到中国五四新文学运动的深刻影响，东南亚文学的发展史中，有两组问题是关注和研究的重点，一是侨民文学色彩和本地化倾向的关系，二是现实主义和现代主义的问题，这两组问题相互联系相互影响，关系到东南亚华文文学的源流与身份定位、精神核心与艺术特色。在东南亚华文文学研究的领域和脉络中，把握新加坡华文文学发展的历史轨迹，并将其置于二战前、二战后及新加坡独立的时代背景中，可以看出新加坡华文文学的发展是不断强化本土意识，弱化中国意识，从依附到独立的发展过程。[①]

在新加坡华文文学的产生和发展中，华文报刊发挥了巨大作用。1919年10月，新加坡《新国民日报》副刊《新国民杂志》的出版，标志着新华文学的诞生。在二战后至建国前夕，南洋商报社、星洲日报社、南方晚报社等以出版华文日报为主业，世界书局、上海书局、南洋书局等着力出版华文书刊，华文报刊及出版业的繁荣发展助推了新加坡华文文学的发展。独立建国前后出

---

① 胡凌芝：《对新加坡华文文学历史轨迹的思考》，《汕头大学学报》1997年第3期。

现了诸多民间协会和团体，如南洋学会、新加坡作家协会、新加坡文艺协会、五月诗社等，逐渐发展成为新加坡华文文学创作和出版的中坚力量。2005年2月，20余个主要华文出版社联合成立了新加坡华文出版社，标志着新加坡华文文学出版逐渐专业化、系统化、组织化。

新加坡华文报刊是华文文学产生和传播的重要基础，同时也见证着新华文学的艺术特色、精神内核与创作风格的更迭嬗变。新加坡华文文学发展历程可以分为二战前的侨民文学、二战后至建国前的马华文学以及建国后的新华文学。[①] 新加坡华文文学研究包括综述、文学史、个案研究等，理论集中于后殖民理论、文化认同研究。[②] 其中，《海外华文文学史》《中国文学在东南亚》等梳理了新加坡华文文学的发展历程。《新华文学论稿》《新加坡研究》《同根的文学》等以对比的视角、宏阔的视野，对世界文学框架下的新加坡华文文学做了纵向述评。以新华文学为主题的研究仍集中于小说、戏剧、诗歌等文学体裁，如《新马百年华文小说史》《战后二十年新马华文小说研究》《东南亚华语戏剧史》《战前马华新诗的承传与流变》等。

以时间线索梳理新加坡华文文学发展历程及其研究主题，考察与研究新加坡华文文学概貌，也离不开对其创作的文化背景、

[①] 周宁：《侨民文学·马华文学·新华文学——试论新加坡华文文学发展的三个阶段》，《文艺理论与批评》2001年第1期；翁奕波：《新马华文文学萌发时间之我见》，《汕头大学学报》（人文社会科学版）2008年第4期。

[②] 赵颖、张莹：《20世纪90年代以来新加坡华文文学研究的趋势与问题》，《世界华文文学论坛》2011年第3期。

艺术风格及思想内核的梳理。① 二战前，新加坡华文文学的侨民色彩浓厚，中国文化伴随着华人移民、会馆成立、华校建立等，在当地"落地生花"，这一时期的华文文学创作凸显了记忆故乡、回望故园和对中华文化的追思与传承。二战后至独立建国前，新加坡华文文学记录了战争带来的灾难和创伤，歌颂抗战英雄，表达对未来的美好期冀和向往；这一时期新加坡华文文学的本土化意识进一步凸显，马华文学的独立性逐渐显现。新加坡建国后，新华文学不断发展，诗歌、小说、散文、剧本、史料评论等多元化发展，《南风》《文艺生活》《文学月刊》等文学杂志逐渐繁荣，新华文学创作和研究不断发展繁荣，与中国大学、作家协会的交流也日渐频繁，新加坡作家尤今、骆明等的作品在中国出版。

二 华文文学研究

中新两国的文学译介、传播与交流逐渐增加，全球化的语境要求我们将新加坡华文文学发展置于比较文学与世界文学的研究视域中，关注和总结中国学者对新加坡华文文学的研究与讨论。新加坡海外华文文学研究近年来在诗歌、小说、散文、戏剧及跨文类研究等几个方面取得了一定的成绩，并且注重将文学研究与文化研究相结合。新加坡海外华文文学研究的理论视野主要包括：文化属性、文化身份与文化认同，诗学研究、互译性研究与跨语际批评，新移民作家、海外华人作家与华裔作家，中国意

---

① 杨森：《殖民与种族创伤：新马华文文学中的灾难书写》，《华文文学》2021年第2期；谢仁敏、刘慧：《晚清南洋文人结社与华文文学的发生》，《江西社会科学》2018年第8期。

识、文化传统与文化传承，民族性、公民性与世界公民等。①

20世纪80年代，中国学者在研究新加坡华文文学时，习惯将其作为中国文学的延伸、海外"分支"，黄万华等少数学者关注和探讨过新华文学本土化等课题。进入21世纪，以朱崇科为代表的中国大陆学者，开始重视新华文学的本土化与主体性问题，标志着新加坡海外华文文学研究观念的一种转变。②《华文文学》《世界华文文学论坛》等杂志关注和讨论新加坡海外华文文学成果较多，其中热点主题包括：新加坡华文文学与华人社会变迁、身份建构、情感认同与文化价值观等方面的关系与互动。新加坡华文文学对华人的本地认同感、传统文化认同感、身份建构等方面发挥着重要作用，同时也是探究和反映新加坡历史发展、社会变迁、文化属性的一种有效途径。③

三　中国文学在新传播的研究

中国文学的海外传播是中文国际传播、中华文化"走出去"的重要途径之一，须梳理中国文学译介与传播的主体、策略、内

---

① 张晶：《中国渊源与本土诉求：从〈新华文学大系〉看当代新加坡华文文学的经典建构》，《暨南学报》（哲学社会科学版）2017年第2期；朱文斌：《海外华文文学研究方法转换论》，《绍兴文理学院学报》（哲学社会科学）2005年第5期；赵颖：《新加坡华文文学研究的现状与问题》，《绵阳师范学院学报》2011年第9期。
② 向忆秋：《中国大陆新加坡华文文学研究二十年综论》，《闽南师范大学学报》（哲学社会科学版）2015年第4期。
③ 王润华：《文化属性与文化认同：诠释世界华文文学的新模式》，《深圳大学学报》（人文社会科学版）2006年第2期；刘小新、朱立立：《海外华文文学的后殖民批评实践——以马来西亚、新加坡为中心的初步观察与思考》，《文艺理论研究》2005年第1期。

容、目标受众、出版机制、传播渠道、传播效果及困境出路等，以呈现文学传播的概貌。

中国文学在东南亚的传播，在古代主要体现为朝贡贸易传播和民族迁徙传播，在近现代主要体现为华侨华人传播，在当代则呈现多元传播的特点。① 中国文学在新加坡的传播与接受过程，与历史文化背景、文学作品内容及其社会效果息息相关。中国文学在新加坡、马来西亚的传播，在新加坡独立之前被称为"马华文学"，在其独立之后统称为"新华文学"。中国文学在当地的传播大致可以划分为以下几个阶段：中国旧文学在当地的传播、中国新文学运动对新加坡文坛的影响、中国抗战文学在新加坡的传播、战后中国文学在新加坡的传播、20世纪60年代台湾文学和香港文学在新加坡的传播以及新马分治后两国对中国文学的反应。

中国文学在新加坡的传播与译介，同华人社会的变迁发展密切相关。中国旧文学的传播主要通过劳工传播、社团传播、私塾传播等渠道，内容主要包括古诗、小说、散文等。19世纪80年代有大批中国文人途经或来到新加坡，描写和记录了当地的自然环境、社会风俗等，如田嵩岳《晚霞生述游》、斌椿《承槎笔记》、李钟珏《新加坡风土记》、邱菽园《萧虹生诗抄》等。该国庙宇祠堂中的碑文，也是研究中国诗词传播的重要资料，碑文多被收录于《新加坡华文碑文集录》中。中国的新文学运动在新加坡影响深远，通过华侨社会、报刊介绍传播新型文学。抗战时期，大批南来的中国作家如郁达夫、胡愈之等人，或通过担任华文报

---

① 张经武：《中国文学在东南亚传播的历史脉络与多元路径》，《东岳论丛》2019年第7期。

刊的编辑，或投身于教育文化界，广泛地参与当地的社会文化生活和文艺运动，对新马抗战文学的产生与发展产生了较大的影响。[①] 战后中国文学主要通过南渡作家在新加坡传播，战后关于马华文学"为中国"还是"为马来西亚"的任务与性质，掀起了一场主题为"马华文艺独特性"与"侨民文艺"的论争，论争推动了马华文学的独立发展，是马华文学自主意识趋向成熟的表现。

中国文学在新加坡的传播，直接影响了马华文学和新华文学的产生与发展。20世纪60年代，中国文学主要取道香港和台湾，1990年中新建交，大陆书籍正式开始在新加坡市场流通。当地普通读者倾向于阅读短小轻松的随笔、短篇小说与言情小说，促进了中国现当代小说、网络文学等在新加坡的流通与传播。2021年新加坡成立了"中国文学海外读者俱乐部"，因地制宜策划和组织中国文学主题阅读与交流活动，通过学校、出版社、图书馆等组织活动，或利用杂志、媒体、网络、社交账号等开展线上交流。网络文学出海传播在东南亚和欧美地区具有一定的影响力，其中网络文学头部企业阅文集团在新加坡启动"2022全球作家孵化项目"，促进海外网络文学作家队伍的发展，充分发挥Z世代在中文文学译介、传播和创作等方面的潜力。

四　中国学研究

跨文化的视角审视中国之外对中国知识和文化系统的研究与讨论，是对既有研究的有益补充。新加坡中国学研究的规模逐渐

[①] 王润华：《中国作家对新马抗战文学的贡献》，《中国现代文学研究丛刊》1988年第2期。

扩大，表现在：研究范围从传统的语言、文学、历史、哲学拓展到教育、书画、音乐、经济、社会改革等领域；研究人员数量激增，研究队伍逐渐形成；高等院校的中文系与专业性研究机构并存的局面逐渐确立；专门的中国学出版物逐渐成为新加坡中国学研究的信息交流平台。新加坡国立大学文学暨社会科学院、南洋理工大学人文艺术与社会科学学院、新跃大学人文学院等高校均设有汉语、汉学研究等专业，其中新加坡国立大学设有新加坡人物传记数据库、云茂潮中华文化研究中心、新加坡历史地理信息系统等在线开放研究数据库。

考察该国中国学研究，汉学家是一个不能忽视的知识群体，在跨文化视角下，他们往往有着西方的教育背景，以"异域之眼"分析中国文学与中国文化，且以知识传播为思想底色，为中国文学出海以及中外文化交流互鉴做出了贡献。[1] 当地知名的汉学家如郑子瑜、王润华、萧驰、苏瑞隆等，他们一直关注中国古典文学、中国现当代文学、中国宗教史、文艺美学等主题，著述颇丰，促进了中国文学在新加坡的传播，同时也为中国学界提供了新的研究角度和思路。儒家思想在新加坡的传播、发展与应用是中新学术界共同关注的内容，除了在文学、思想史等研究视域，儒家思想在新加坡治国理政、公民道德教育等领域的应用与实践也是学者关注的问题之一。[2]

中国经典文学作品常被应用于新加坡中文教育中，但也面临

---

[1] 褚金勇：《跨文化视野下西方汉学家的知识传播研究》，《国际传播》2018 年第 6 期。

[2] 张鸿燕：《儒家伦理与新加坡的公民道德教育》，《外国教育研究》2003 年第 4 期。

教学方法陈旧、教材选文难易失度、评估方式不尽合理等问题，要突破和改变这种现状，需要定位学科性质、转变教育理念、创新教材编写等。光阴之变无法消磨文学作品的魅力。经典文学在时间上的双重属性，一方面是过去时被阅读过的文本，另一方面是正在被阅读的文本。它的历史性经过时间锤炼、淘洗和炼净，融入历史发展的长河中，又对当下社会发展具有一定的启发意义。经典阅读的困境有时是源于时代背景、写作风格的差异，但是其意义的恒久以及在不同时代被重新阐释和演绎，会在当下焕发活力，通过新的艺术形式被发挥和表达，重新焕发艺术生命。

文学的互译、流通和传播"撄人之心"，文学作品是一种具有解释力、感召力和延展力的解释工具，是跨文化传播与交流实践中的有力凭借。正如达姆罗什所说，"在最广泛的意义上，世界文学可以包括超出本国范围的任何作品……不论何时何地，只有当作品超出自己本来的文化范围，积极存在于另一个文学体系里，那部作品才具有作为世界文学的有效的生命"。[1] 中国文学和新加坡华文文学的创作、互促与研究，不仅在中文国际传播中发挥着重要作用，也推动了世界文明交流互鉴。

小结与思考

多元种族、多元文化的社会环境造就了新加坡独特、复杂的

---

[1] 严春宝：《新加坡儒家文化传承研究》，北京师范大学博士学位论文，2007；向海英：《动力还是助力：儒家传统文化与新加坡的现代化》，《东南亚研究》2011年第3期；大卫·达姆罗什、斯皮瓦克：《比较文学/世界文学：斯皮瓦克和大卫·达姆罗什的一次讨论》，《比较文学与世界文学》2012年第2期。

语言环境，华人的中文教育问题不单单是一个语言传承或教育问题，而是涉及民族、政治、文化、宗教等方面的综合议题。新加坡中文教育研究不仅反映了国家政策与经济议程的变迁，更对该国教育教学发展、语言生活、文化认同等起到归纳总结和启发推动的作用。

（一）新加坡中文教育研究多元化发展

通过文献梳理可知，新加坡中文教育研究呈现研究取向多元化、研究主体合作化、研究方法混合化的发展趋势。

国家政策对新加坡的语言教育、语言生活等具有决定性、规范性和引导性的作用，政治家的语言生活与语言实践是影响一国语言治理的重要因素，围绕新加坡双语教育制度，现有研究从其顶层设计、政策实践、推广效果和历史变迁等方面展开讨论。伴随政策调整，新加坡通过对华文教学效果和问题进行检讨和教育理念改革，催生了大量关于中文教育教材、教师、教学方法、教学评估等方面的研究。随着数字技术的发展及其在语言教学领域的应用，新加坡中文教育从教学环境、教学模式、评估等都在向着信息化教育方向发展，探讨技术赋能促进学生个性化学习和增强情感体验的智慧教学理论和实践研究数量逐渐增多。新加坡中文教育研究的主题取向不断朝向多元化方向发展。

从研究主体的分布来看，高校与科研机构在研究中发挥了主体性作用。新加坡南洋理工大学孔子学院、新加坡华文教研中心、华文教育学会等机构是其中的主力军，在新加坡中文教育现状与发展前景、教学理论与方法、教材编写、语言测试评估、华语语言学等方面有丰富的研究成果产出，也逐渐涌现了一批具有国际影响力的专家学者，为新加坡本土中文教育研究奠定了坚实基础。中国学者对新加坡中文教育一直保持高度关注，研究视角多元化，涉及历史梳理、语言政策分析、标准和教材比较、教师培养模式总结等。但历史梳理和宏观评价类的研究较多，而针对新加坡某一微观教育要素的实证类研究还不够丰富。此外，值得注意的是，目前关于新加坡中文教育的研究以非实证研究为主，研究方法多使用内容分析法、文献综述法、对比分析法等，少量采用问卷调查法或质性访谈法，未来需要更多采用混合研究法，以更加多元的视角深入探讨新加坡中文教育要素。

（二）新加坡华文文学及其研究赓续演进

新加坡华文文学及其研究，从其内在变化的发展史来说，通常划分为侨民文学、马华文学、新华文学三个阶段，从依附、规划再到创新，涌现了大批代表性作品。新加坡华文文学的创作及研究所处的文化语境是极其复杂的，不仅与区域政治环境、经济发展、人口结构变化相关联，同时受世界华文文学和华语语系文学影响。

新加坡华文文学研究，主要着眼于社会兴衰、人的伦常、风土人情等，虽然形式体裁各不相同，但意旨仍集中在华族文化传承与认同、身份建构与标识等主题，体现出人文精神表达的理脉相通性。华文文学及其创作、传播、研究活动常常融为一体，而贯穿此知识系统的人文精神，具有覆盖性和穿透力，无论是作家、学者还是读者都像处于须臾不可离开的空气之中，虽然立场视角各异，但是都不可能跳出文学来看文学。

一国的文学如果囿于国别、地区的范围之内，则难以完备，正如皮泽在《世界文学的观念》一书中论述的，"世界文学意味着单一国家之各自习俗、价值和语言所标志的国别文学由此崩溃。"新加坡华文文学及研究、传播作为一种思想和精神的表达工具及媒介，在世界文化交流中发挥了充分的可能性，在不同的语境中因人、因时、因地而异，有丰富而具体的内涵，华文文学作为一种统合性的、观察现实的"透镜"，在对外文化交流、国家形象塑造、海外中国学研究等方面都表现出了视角创新的潜力。

（三）新加坡中文教育研究学术梯队待充实

学术梯队建设是新加坡中文教育研究可持续发展的重要一环。目前，新加坡本土的中文教育研究学者年龄偏高、年轻学者较少、职称结构不合理，这在一定程度上影响了本土中文教育研究的可持续发展。未来，相关高校与科研单位在学术研究中应充分发挥主体性作用和社会责任，扎根新加坡中文教育的特色和发展需求，有针对性地设置研究课题，优化学术议程设置，发挥学术研究的先导作用和牵引作用，以研究促教师共同体的成长、以课题促中新学者的科研协作，形成学术共同体成员的群体意识，激发学术共同体成员科研参与的持久力。在可预见的将来，中国的发展尤其是"一带一路"倡议的推进，也将给新加坡中文教育教学营造良好的外部条件，在内外合力影响下，该国中文教育研究将得到赓续和深化，引发社会各界的更多关注和参与。

图书在版编目(CIP)数据

新加坡中文教育发展研究 / 马晓乐编著 . -- 北京：社会科学文献出版社，2025.1. -- （国际中文教育研究丛书）. -- ISBN 978-7-5228-4840-2

Ⅰ.H195.3

中国国家版本馆 CIP 数据核字第 2025QX3519 号

·国际中文教育研究丛书·
新加坡中文教育发展研究

编　　著 / 马晓乐

出 版 人 / 冀祥德
责任编辑 / 张　超
责任印制 / 王京美

出　　版 / 社会科学文献出版社·皮书分社（010）59367127
　　　　　 地址：北京市北三环中路甲 29 号院华龙大厦　邮编：100029
　　　　　 网址：www.ssap.com.cn
发　　行 / 社会科学文献出版社（010）59367028
印　　装 / 三河市龙林印务有限公司

规　　格 / 开本：787mm×1092mm　1/16
　　　　　 印 张：13.5　字 数：155 千字
版　　次 / 2025 年 1 月第 1 版　2025 年 1 月第 1 次印刷
书　　号 / ISBN 978-7-5228-4840-2
定　　价 / 98.00 元

读者服务电话：4008918866

版权所有 翻印必究